무 자 본 으 로
부의 추월차선
콘텐츠 만들기

FASTLANE

콘텐츠사업으로
억대연봉 버는
고수의 비법 대공개

무 자 본 으 로
부의 추월차선
콘텐츠 만들기

송 숙 희 지 음

CONTENTS

토트

밥벌이가 위협당하는 일터 한복판에서

피할 수 없는 변화의 문턱에서

생업이 무너질 것 같은 불안,

생계가 흔들리는 두려움에 떨고 있을 당신에게

이 책을 바칩니다.

지금 조건에서 쉽고 빠르게 추월차선 갈아타기

나무에 앉은 새는 가지가 부러질까 두려워하지 않는다.

나무가 아니라 자신의 날개를 믿기 때문이다.

류시화 『새는 날아가면서 뒤돌아보지 않는다』

평범한 직장인, 전문직 종사자, 소상공인과 프리랜서, 연예인부터 가정주부까지 나를 찾는 사람은 매우 다양합니다. 책 쓰기와 글쓰기 교육이라는 명분으로 만나 콘텐츠사업으로 이야기가 흐르면 대부분의 사람들은 이런 속내를 털어놓습니다.

회사, 얼마나 더 다닐 수 있을까?

퇴사하면 뭘 해서 먹고살지?

일을 그만두면 아이는 어떻게 키워야 할까?

100세 인생이라는데 평생 뭘 하며 살아야 할까?

어떤 사람은 회사를 그만두고 싶어 하고 어떤 사람은 회사 좀 다니면 좋겠다 하고 어떤 사람은 다른 회사로 옮기고 싶어 합니다. 그런데 정작 그 회사에 다니는 사람은 또 다른 회사에 가고 싶어 합니다. 각자의 입장과 사정이 다른 만큼 고민의 폭도 깊이도 제각각이지요. 그러나 이들에게는 하나의 공통점이 있습니다. 마음이 흔들리고, 흔들리고, 흔들린다는 점입니다. 넌지시 나이를 물어보면 어김없이 마흔 즈음, 이미 일에서 마음은 떠났고 무게중심을 잃어 어디에도 머물지 못하는 나이입니다. 정년이 가까워진, 돌파구가 필요한 마흔은 내가 이 방면의 전문가인 것처럼 묻습니다.

"퇴사해도 될까요? 이직해도 될까요? 창업할까요?"

실제 해당 분야 전문가는 나름 적절한 조언을 할 테지만 나는 질문에 맞는 답을 할 수가 없습니다. 왜냐하면 고민의 핵심이 커리어에 관한 것이 아니기 때문입니다. 회사에 남거나 더 좋은 곳을 골라 떠난다고 끝날 방황이 아니기에 다음 질문으로 대답을 대신합니다.

"100세까지 뭐 해 먹고살지? 뭘 하며 살아야 하지?"

그냥 사는 것도, 이혼하는 것도 힘든 부부는 졸혼을 합니다. 마찬가지로 회사를 그만둘 수도 그냥 다닐 수도 없다면 졸사卒社는 어떻냐고 물어보듯 권합니다. 회사는 그만 졸업하고 다른 생업으로 먹고살면 어떨지, 퇴사는 언제든 할 수 있으니 지금은 우선 다른 것을 해보자고 권합니다.

떠나든 머물든 바꾸든 직장이나 지위는 의미가 없습니다. 어디서 무슨 일을 하든 개인의 경쟁력이 가장 중요합니다. 자기만의 콘텐츠를 가진 사람은 회사 안에서든 밖에서든 먹고사는 일에 걱정이 없습니다. 디지털 시대는 콘텐츠가 왕이기 때문입니다. 경험을 콘텐츠로 만들어 파는 콘텐츠사업으로 눈을 돌려 보세요. 잘하는 일, 좋아하는 일이 평생 소득을 보장합니다.

일상을 돈으로 바꿀 수 있다면?

지금은 콘텐츠가 밥 먹여 주는 시대입니다. 자기만의 콘텐츠를 소셜채널에 표현하는 것만으로도 얼마든지 먹고살 수 있습니다. 코로나19 팬데믹은 온라인 콘텐츠 수요를 폭발적으로 증가시켰습니다. 일터에서 얻은 전문 콘텐츠가 아니어도 좋습니다. 취미와 특기가 돈이 되는 시대, 경력보다 경험, 학력보다 '덕질'이 돈을 더 잘 버는 세상입니다. 눈과 귀와 마음을 열면 누구든 돈으로 바꿀 경험을 건져 올려 그것으로 콘텐츠사업을 할 수 있습니다. 반짝 성수기를 거쳐 비수기에 들어선 당신의 직업 인생은 콘텐츠사업으로 전성기를 맞이하게 될 것입니다.

마흔은 누구나 졸업식 축사 한 줄쯤은 품게 되는 나이라고 합니다. 콘텐츠사업 코칭을 20년쯤 하다 보니 이 말을 정말로 실감합니다. 『나의 문화유산답사기』로 유명한 유홍준 교수는 답사하러 전국을 다니다 보면 도처에서 숨은 삶의 고수를 만난다고 합니다. TV 프로그램 〈생활의 달인〉에 나오는 달인 같은 고수 말입니다. 그래서 나는 단호하게 말합니다. 무슨 일을 하든 어떻게 일을 하든 마흔쯤이면 누구나 어떤 것에서 하나는 고수라고 말입니다. 누구나 경험의 금맥 하나쯤은 품고 있으니 그것으로 누구든지 콘텐츠사업을 할 수 있다고 말입니다.

『부의 추월차선』은 국내 경제 경영 도서 판도를 바꾼 베스트셀러입니다. 이 책에서는 빠르게 부자가 되려면 돈이 저절로 열리는 나무를 심으라 합니다. 돈나무 열매 중 하나인 콘텐츠를 책으로 SNS로 다양한 매체를 이용해 파는 콘텐츠사업은 창업에 돈이 들지 않는 방법이라 많은 이가 솔깃했습니다. 『부의 추월차선』을 읽고 나를 찾아온 사람들은 콘텐츠사업에 대해 끊임없이 질문하며 구체적인 방법을 배워 갔습니다. 이 책은 그 과정에서 나온 결과물이기도 합니다. 그들의 질문은 대개 비슷합니다.

"제 사소한 경험도 돈 받고 파는 콘텐츠가 될 수 있을까요?"

당신의 경험은 사소한 게 아니라 유일한 것입니다. 남들은 흉내 낼 수 없는 콘텐츠를 만들 수 있다는 이야기입니다.

"저는 인플루언서가 아니에요. SNS 팔로워도 몇 명 안 돼요."

걱정할 것 없습니다. 요즘 소셜미디어 업계에서는 골수팬 100명이면 충분합니다. 유튜브도 안 하고 페이스북도 건성이며 블로그 팔로워도 겨우 3천 명밖에 안 되는 내가, 프리랜서로 콘텐츠사업을 하며 먹고산다는 것이 대표적인 증거입니다.

"유튜버를 하려니 부담돼요."

쉽고 빠른 블로그부터 시작하면 됩니다. 블로그는 여느 소셜채널에 비해 가성비가 탁월합니다. 블로그에서 부담 없이 콘텐츠를 만들어 유튜브, 페이스북, 인스타그램으로 확장하면 됩니다.

"글을 못 쓰는데 괜찮을까요?"

다른 사람을 돕고 싶은 진심 어린 마음이면 됩니다. 유용한 노하우를 필요한 사람에게 잘 전달하는 것이 핵심이니까요. 이럴 때 진심만큼 훌륭한 도구는 없습니다.

콘텐츠사업으로 실현하는 경제적 자유, 자아실현, 재능 기부

이 책은 먹고사는 일로써의 콘텐츠사업을 가이드합니다. 자기표현과 평판 도모, 소통을 통한 힐링을 목표로 하는 SNS 활용술이 아닙니다. 이 책은 회사를 떠나느니 마느니 하는 문제가 아니라 지금, 그리고 100세

까지 잘 먹고 잘 사는 데 기여하는 생존의 힘, 퍼스널파워를 통해 경제적 자유를 이루고 자아실현을 도모하는 것을 돕습니다. 이 책은 현업을 떠나면 사장되는 경험, 살면서 축적한 경험을 팔아 쉽고 빠르게 부자로 사는 비결을 전수합니다.

이 책은 콘텐츠사업으로 경제적 자유와 자아실현, 재능 기부라는 세 마리 토끼를 다 잡자는 제안이며 자기만의 틈새 주제를 전문적으로 다루는 전문 작가로 살자는 권유입니다. 무슨 일을 어떻게 하든 먹고산 경험이 있으면 콘텐츠사업은 가능하기 때문입니다. 그러므로 이 책은 지금 또는 곧 퇴사하려는 직장인, 아이를 돌보기 위해 회사를 그만둔 경단녀, 퇴사 퇴직 후 자리 잡지 못한 1인 기업가 또는 프리랜서, 일에 치여 허덕이는 자영업자, 치열한 경쟁으로 갈수록 힘든 전문직 종사자, 취업 대신 창업을 꿈꾸는 학생에게 유용한 제안이 될 것입니다.

나는 작가, 강사, 코치, 컨설턴트 등 다양한 호칭으로 불리지만 콘텐츠를 만드는 사람, 작가라 불리기를 가장 좋아합니다. 콘텐츠를 만들기만 하면 강의며 워크숍, 세미나, 컨설팅이 모두 가능합니다. 매일 콘텐츠를 만들어 소셜채널에 공유하고 그 콘텐츠를 책과 강연, 워크숍, 세미나, 컨설팅 등의 다양한 경로로 팔아 수익을 냅니다.

이 책에는 내가 20여 년간 콘텐츠 작가로 살면서 체득한 콘텐츠사업 노하우와 기술, 고객 경험, 사업에 대한 통찰, 콘텐츠사업을 코칭하며 얻은 경험까지 콘텐츠사업의 모든 것을 담았습니다.

이 책은 3가지가 없어도 가능한 콘텐츠사업을 안내합니다.

무자본 · 무점포 · 무직원

이 책은 콘텐츠사업을 통해 갖게 될 3가지를 보장합니다.

평생 소득 · 평생 현역 · 평생 배움

이 책은 콘텐츠사업이 가능하게 하는 3가지를 설명합니다.

경제적 자유 · 자아실현 · 재능 기부

나는 콘텐츠사업자입니다. 이름만 대면 다 아는 유명 인사도 아니고 수십만의 팔로워를 거느린 인플루언서도 아니며 어마어마한 돈을 버는 부자도 아니지만 잘 먹고 잘 삽니다. 평균 정년 나이를 이미 넘어섰지만 여전히 주도적으로 일하며 엄마와 아내 역할도 큰 탈 없이 해냅니다. 이 책을 읽는 당신도 잘하는 일, 좋아하는 일로 평생 소득을 만들고 평생 현역이 될 수 있도록 내 경험의 모든 노하우를 전수합니다. 당신이 쉽고 빠르게 '추월차선'을 거쳐 멋진 당신만의 '전용차선'에서 자유롭게 달리는 것을 돕겠습니다.

소셜미디어 마케팅도 모른 채 글 좀 쓴다는 자신감에 취해 블로그를 시작할 무렵 귀인을 만났습니다. 블로그 커뮤니케이션 전문가로 이름

높던 이중대 님입니다. 지금은 글로벌 커뮤니케이션·마케팅 솔루션 기업인 웨버 샌드윅 한국 지사 대표입니다. 당시 엉성하기 짝이 없던 블로그를 점검하여 나아갈 구체적인 방향과 나만의 고유 콘텐츠를 정리하고 공유하는 방법을 알려주셨습니다. 나의 콘텐츠사업 스승이신 이중대 님께 이 자리를 빌려 다시금 깊은 감사의 인사를 올립니다.

– 진심을 담아, 송숙희

차례

2 | 경험을 평생 소득으로 만드는 콘텐츠 디벨로퍼 10단계

3 | 좋아하는 일로 평생 소득 보장하는
캐시콘텐츠 생산 비법

4 | 콘텐츠로 돈 벌기, 백종원식 최종 솔루션

회사 그만두면 뭐 하고 살지?

꽃샘추위가 예외 없이 기승을 부리던 2000년 2월, 당시 나는 여성잡지 편집장이었습니다. 3월 호는 내가 만들 마지막 잡지라 더욱 공을 들였고 잡지가 전국 서점에 깔리던 날 사직서를 냈습니다. 옮긴 곳은 결혼 관련 정보를 온라인으로 서비스하는 벤처기업으로 회사뿐 아니라 생업의 터전도 마인드도 온라인으로 옮겼습니다.

참 좋아하는 일, 참 잘한다고 인정받던 그 일, 그 직위를 스스로 내려놓고 떠나는 것은 쉽지 않았습니다. 스스로 원하고 설계한 경로 변경이었지만 그래도 참 아쉽고 서운했습니다. 그럼에도 불구하고 떠날 수밖에 없었던 이유는 당시 내가 '불타는 갑판'에 서 있었기 때문입니다.

불타는 갑판에서 뛰어내리다

망망대해 한가운데 석유시추선에서 불이 났습니다. 석유를 가득 실은 큰 배에 큰불이 났으니 곧 폭발할 것입니다. 배 안의 사람들에게 선택지는 2개뿐입니다. 배 안에서 그대로 타 죽거나 50미터 아래 바다로 뛰어드는 것뿐입니다. 어느 쪽을 선택하든 생존 확률은 제로에 가깝습니다. 결과적으로 갑판 위에서 어쩔 줄 몰라 하던 사람은 다 죽었지만 바다로 뛰어든 사람들 중 극소수는 살아남았습니다. '불타는 갑판'이라는 말은 이렇게 생겨났습니다.

1998년 심각했던 외환위기도 시장의 빠른 변화를 제도가 따라가지 못해 발생한 '불타는 갑판' 때문이라 합니다. 외환위기 당시 실직을 경험한 나는 급속도로 전개되는 온라인화에 미디어 산업이 순식간에 재편될 것이라는 경고를 지나칠 수 없었습니다. 지금 수준에는 한참 못 미치는 IT기술이었지만 기존의 미디어가 하지 못한 일을 IT기술이 할 수 있다는 비전에 흠뻑 매료된 나는 '불타는 갑판'에서 기꺼이 뛰어내렸습니다.

퇴사＝퇴직, 돌아갈 곳이 사라지다

잡지사를 그만둘 당시만 해도 나는 그것이 '퇴직'이 될 것이라고는 생각지 못했습니다. 하지만 대중적 콘텐츠를 기획하고 만들고 공급하는 역량을 키웠던 잡지사를 떠나는 순간, 마음이 '회사'를 떠났고 벤처기업, 대기업, 인터넷기업을 차례로 거치며 결국 마음 붙여 일할 곳이 없다는 것을 알았습니다. 또 한 번 불타는 갑판에 나를 세웠습니다. 그리고 마침내 '회사'를 졸업했습니다.

그로부터 20년, 지금 나는 정년과 무관하게 일합니다. 열 몇 살 어린 후배들도 현업을 떠나는데 나는 팔팔한 현역입니다. 홀로 천천히 자유롭게 일하며 삽니다. 비록 크진 않지만 온전하게 내 것인 한 영역에서 나는 1등입니다. 내가 일하고 싶은 한, 일하고 싶은 방식으로 일하고 싶은 사람과 일하고 싶은 장소에서 일하고 싶은 시간에 일합니다. 비결이라면 일이 하나도 힘들지 않다는 것입니다. 내가 잘하는 일, 좋아하는 일을 하기 때문입니다. 두 번이나 불타는 갑판에서 뛰어내리지 않았더라면 불가능했을 결과입니다.

마흔 즈음의, 마음이 온통 사막인 당신도 직업 인생을 놓고 보면 '불타는 갑판' 위에 서 있는 것과 같습니다. 생계가 위협받는 것이 단지 코로나19 팬데믹 때문이라면 차라리 좋겠습니다. 하지만 코로나19 팬데믹 이전부터 우리의 직업 인생 축은 흔들리기 시작했습니다. 그 축은 코로나19 팬데믹으로 마침내 무너졌고 대량 퇴직과 퇴사는 시간 문제입니다. 기업은 생존에 적합한 날렵한 조직만 남길 테고 인공지능으로 대체되는 직업군 외에도 많은 사람들이 일을 그만두어야 할 것입니다. 강제로 내몰린 불타는 갑판 위에서 당신은 그제야 이 질문을 떠올릴 것입니다.

"이제 뭐 해서 먹고살지?"

양상이 바뀔 뿐 먹고사는 문제는 갈수록 힘들어집니다.
"기억하라. 스스로가 리스크를 찾아 나서지 않으면 리스크가 당신을 찾아낼 것이다. 일부러라도 자주, 제한적으로나마 리스크를 감수하며 적절하게 충격을 흡수하는 능력을 기르는 과정은 장기적인 관점에서 안정을 가져오는 역설적인 생존 전략이다."

벤처 투자가이자 링크드인 창업자인 리드 호프만의 역설입니다. 회사를 떠나거나 남거나 어차피 위험하다면 조금이라도 덜 위험한 쪽을 선택해야 하지 않을까요?

회사 명함 없이도 잘 먹고 잘 사는 사람들

일은 참 많은 것을 줍니다. 매달 먹고살 돈을 주고 일할 공간을 주고 비싼 땅에 주차장도 줍니다. 종종 재교육도 시켜주고 명절에는 귀향 버스도 주는 등 회사가 아니면 경험하지 못할 복지가 상당합니다. 해마다 승진이며 연봉 인상으로 성공 욕구도 채워줍니다. 그러다 보니 모든 것을 회사에 내주고 회사에 매여 삽니다. 그러나 어느 날, 언젠가 반드시, 원하든 아니든 그 모든 것을 내려놓아야 할 때가 옵니다. '멘붕'이 뒤따라옵니다. 회사를 그만둔 후의 상황은 당신이 무엇을 상상했든 그것의 10배쯤 충격 받고 실망하고 분노하게 만듭니다. 그 마음, 골백번 이해합니다. 나도 그랬으니까요. 그래서 변화 관리 전문가 빌리언스 브릿지스의 권유가 더욱 반갑습니다.

"회사가 당신을 필요 없다 하면 갈 곳이 없나? 쓸모가 다하면 죽는 일만 남은 걸까? 아니다. 방향을 틀자. 다음 단계로 나가자."

나는 성미가 급합니다. 그래서 이렇게 권합니다. 회사가 당신을 필요 없다고 하기 전에 당신이 먼저 회사를 버리라고요! 어차피 죽을 때까지 다니지도 못할 텐데 말입니다.

해고당해서 다행이야

회사에 들어가려 기를 쓰고 회사에서 살아남으려 애를 쓰고……. 당신은 직장 경력을 유지하는 일에 많은 노력을 했습니다. 그리고 어느 정도 이루었을 것입니다. 그러나 많은 전문가들이 이제 직장 경력을 계획하고 개발하는 것은 더 이상 무의미하다고 입을 모읍니다. 페이스북 설립 이사 중의 한 사람인 마크 안드레센은 이렇게 조언합니다.

"세상은 믿기 어려울 정도로 복잡한 곳이며 모든 것이 시시각각 변하고 있기 때문에 경력을 계획해봐야 원하는 결과를 얻을 수 없다."

직장 경력을 계획하느니 자신의 능력과 기술을 발전시키고 가치 있는 기회를 추구하는 데 초점을 맞춰야 한다는 조언입니다. 회사를 버리려면 우선 회사 의존도를 낮춰야 합니다. 회사가 아니라 당신 자신에게 초점을 맞추고 회사가 주는 월급이 아니라 당신의 능력과 기술로 혼자서 돈을 벌 수 있는 기회를 스스로에게 선물합니다. 그러면 회사에 대한 의존도는 저절로 약해집니다. 다시 질문을 소환합니다.

"회사 그만두면 뭐 해서 먹고살지?"

우리나라 사람들이 회사를 그만두는 나이는 평균 49세. 하필 이 연령대는 가정에서 돈이 가장 많이 필요할 무렵입니다. 지쳤다고 힘들다고 먹고사는 일을 포기할 수는 없습니다. 그래서 커피숍이며 치킨집이며 프랜차이즈 창업에 퇴직금을 쏟아붓지만…….

노후 자금은 4억 원이면 충분하다고 합니다. 그러나 월급으로 먹고살면서 아이들 공부시키고 그러고도 저축하여 4억 원을 손에 쥔 대단한 사람, 얼마나 될까요? 설혹 돈이 있어도 돈만으로는 안 되는, 길고 긴 남은 시간을 뭘 하며 살까요?

누구든 언제든 어떤 식으로든 회사는 그만두어야 하는데 한 번도 경험하지 못한 퇴사 이후의 삶에서 그간의 경력은 무용지물입니다. 코로나19 팬데믹으로 세상이 급격하게 바뀌고 있으니 코로나19 팬데믹 이전 세상에서 월급 받던 경력은 단점으로 치부되기 십상입니다. 회사를 떠나는 순간, 커리어는 마비됩니다. 회사를 떠나든 남든 필요한 것은 곧 마비될 당신의 커리어를 위한 소생술입니다.

저절로 소문나는 브랜드와 콘텐츠

회사를 떠나든 남든 요긴한 사람이 되는 데는 자신을 잘 알리는 능력이 필수입니다. 소문이 나야 능력과 기술, 콘텐츠가 팔릴 테니 말입니다. 하지만 보통 사람에게는 세일즈 포비아가 있습니다. 파는 일이라면 질색입니다. 콘텐츠를 가진 사람일수록 파는 일과는 상극이지요. 유료 광고나 마케팅이 답일 텐데 그럴 여력은 없습니다. 하지만 우리에게는 소셜채널이라는 지렛대가 있습니다.

'생각노트'라는 닉네임으로 블로그를 운영하는 한 직장인이 있습니다. 이름도 경력도 나이도 공개하지 않았지만 그는 이름 있는 브랜드로부터 스카우트 제안을 받습니다. 이유는 딱 하나, 그가 블로그에 공유한 콘텐츠가 그 회사의 눈에 매력적으로 비추어졌기 때문입니다. 그는 브랜드 마케팅 업무를 하며 키운 통찰력으로 고객 중심의 디테일한 사례를 모아 콘텐츠를 만들고 공유합니다. 카카오 브런치에서 브랜드 마케터로 일하는 김키미 님도 '퇴사하면 한낱 미물이 되고 말겠지?' 하는 마음에 두려웠지만 스스로 브랜드가 되기로 결심한 뒤에는 마음의 평화를 얻었다고 합니다.

콘텐츠로 영향력과 지위를 얻어라

삼성 그룹의 요직을 거쳐 삼성서울병원 사장을 끝으로 39년 8개월 만에 삼성맨을 졸업한 윤순봉 선생. 그는 퇴직한 대기업 사장의 로드맵을 버리고 소셜채널 유튜브 콘텐츠 크리에이터로 변신합니다. 일찍이 그는 이 세상의 모든 것은 '콘텐츠'이거나 '컨테이너'거나 라면서 콘텐츠를 가진 자가 컨테이너 임자라고 통찰했습니다.

"이제 어떤 사람의 시장가치는 석·박사 학위나 명함이 아니라 흉내낼 수 없는 콘텐츠를 얼마나 가지고 있는가에 있다."

그랬던 터라 그가 콘텐츠 크리에이터의 길을 택한 것은 놀랍지 않습니다. 그의 통찰에 세계적인 경영 사상가 게리 해멀이 편을 듭니다.

"디지털 경제는 '공유하는 것'이다. 자신의 기술과 콘텐츠를 널리 공유해야 영향력과 지위를 얻는다." 게리 해멀은 기술과 콘텐츠를 공유하되 신속히 해야 한다며 그렇지 않으면 누군가 앞질러서 당신이 누릴 영향력을 가로챌 수도 있다고 경고합니다.

100세를 살아야 하는 시대에 우리 앞에 놓인 사막을 건널 때는 콘텐츠와 브랜드라는 2개의 봉을 가진 낙타가 필요합니다. 소셜채널로 콘텐츠를 공유하며 '아낌없이 주는' 디지털 경제의 일원이 되어야 사막을 건너 다음 스테이지로 도약할 수 있습니다.

나를 가장 비싸게 파는 기술

회사형 인간에서 졸업할 당시, 나는 대기업에 근무했습니다. 대기업에 다니면서 '명함이 열일 한다'는 것을 절감했지요. 그래서 나는 어설프 지만 개인명함을 추가로 만들었습니다. 회사를 차린 것이 아니니 '나 이런 사람이에요' 하는 내용을 담았습니다. 신기하게도 개인명함을 손 에 쥔 그날부터 회사는 나의 고용주가 아니라 프로젝트 파트너로 바뀌 었습니다. 이때부터 나는 회사에 고용된 것이 아니라 서로의 필요에 의 해 계약된 관계이므로 계약에 따라 회사에 파견돼 일하는 것으로 인식 했습니다. 사실 그때부터 나는 더 이상 직장인이 아니었습니다. 앞서 불 타는 갑판을 경험한 터라 회사에 고용되고 아니고는 중요하지 않았습 니다. 시간이 갈수록 회사가 제시하는 프로젝트에 흥미를 잃게 되자 파 트너 지위를 내려놓는 일도 쉬웠습니다. 2개의 명함 중 하나를 버리고 내가 만든 명함을 사용하면 되었기 때문입니다.

　'책 쓰기 수업'이라는 이름으로 콘텐츠사업을 코칭하는 현장에서 나 는 개인명함부터 만들라고 권합니다. 직장에 다니든 아니든 개인명함을 만드는 것은 내 능력과 기술이 무엇인지 분명히 하고 그것을 누구에게 팔까 궁리하는 일로 이어집니다. 회사에 다니는 사람에게 개인명함을 만드는 작업은 승진이나 연봉에 관심 가지기보다 회사를 떠나 먹고살 기회를 발굴하는 일에 관심을 가지게 만듭니다. 회사를 떠난 사람이 개 인명함을 만들면 그날부터 무엇으로 먹고살지 분명하게 자각하는 효과가 있습니다. 개인명함을 만들면 이제부터 필요한 것은 일자리가 아니라 브랜드임을 알게 됩니다. 어떤 일을 참 잘하는 사람이라는 증명, 브랜드를 가지면 더 이상 회사에 연연하지 않아도 됩니다. 회사에 필요한 사람이라면 회사에서 더 목을 맬 테니 말입니다.

자신을 브랜드로 인식하면 이제부터 중요한 것은 지위나 학벌이나 그동안 쌓은 커리어가 아니라 콘텐츠라는 것을 저절로 알게 됩니다. 콘텐츠란 지식과 재능과 기술로 어떤 문제를 해결하는 능력을 말합니다. 콘텐츠를 가진 사람은 브랜드로 인정받고 브랜드로 일하는 사람은 조직 안에서는 조직이 신뢰하는 파트너로, 조직 밖에서는 같은 문제를 가진 개인과 조직의 문제를 해결해주는 사업가로 살 수 있습니다. 회사를 떠날까 말까? 돌아갈까? 이런 고민도 머리 아프겠지만 정말 당신이 집중해야 할 것은 당신만의 콘텐츠와 브랜드를 만드는 것입니다.

나무에 앉은 새는 가지가 부러질까 두려워하지 않습니다. 나무가 아니라 자신의 날개를 믿기 때문이지요. 회사 명함이 없어도 먹고사는 데는 콘텐츠와 브랜드라는 두 날개면 충분합니다. 콘텐츠와 브랜드는 마흔의 사막을 안전하게 건너도록 도와줄 낙타입니다. 사막을 건넌 다음 후반생을 본격적으로 펼칠 보루입니다.

지금부터 50년은 먹고살 특단의 대책

내 콘텐츠사업의 베이스캠프인 블로그 첫 화면에는 이런 문구가 있습니다. "2002년~". 2002년부터 콘텐츠사업자로 살았다는 표시이자 무려 20년이나 살아남았다는 증거입니다.

나는 사람들이 필요로 하는 지식을 콘텐츠로 만들어 파는 콘텐츠사업자입니다. 내가 일하며 배우고 경험한 한 분야의 지식, 능력, 기술로 특정한 문제를 해결하는 노하우를 만들어 팝니다.

콘텐츠사업의 장점에 대해 물으면 나는 망설임 없이 답합니다. 사무실이나 직원이 없어도 블로그에 콘텐츠만 매일 포스팅하면 사업 개시가 가능하다는 점입니다. 창업과 사업 유지에 돈을 들일 필요가 전혀 없다고 답합니다. 사용하기 편리한 데다 무료로 제공되는 콘텐츠 플랫폼을 활용한다는 것도 콘텐츠사업의 장점입니다. 네이버, 페이스북, 유튜브, 인스타그램 등 콘텐츠를 생산하고 공유하기 딱 좋은 플랫폼을 사용하면 돈을 들일 필요가 없습니다. 명함 제작비 2만 원이 콘텐츠사업 비용의 전부라 해도 과언이 아닙니다. 콘텐츠를 모아 책으로 내면 명함마저도 필요하지 않습니다.

또 많은 이들이 콘텐츠사업을 위한 자격이나 조건에 대해서도 물어봅니다. 이때는 답이 좀 궁합니다. 특별한 자격도 면허도 조건도 필요 없기 때문입니다. SNS 채널인 블로그를 베이스캠프로 삼는 콘텐츠사업에서 필요한 것이라고는 누구나 일에서든 일상에서든 숨 쉬고 사는 한 쌓이게 마련인 경험이 전부입니다. 그러니 콘텐츠사업에 필요한 조건이나 자격이 뭐가 있겠습니까? 직장인, 주부, 퇴직자, 학생 할 것 없이 누구나 당장 시작할 수 있습니다.

광고, 홍보, 마케팅이 필요 없는 콘텐츠 자동 판매

콘텐츠사업은 판매도 마케팅도 필요 없습니다. 누구든 살아가는 한 무엇이든 경험하고 그 경험을 콘텐츠로 만들어 매일 블로그에 게시하기만 하면 콘텐츠를 필요로 하는 예비 고객이 알음알음 물어물어 찾아옵니다. 그러니 광고며 마케팅이 필요 없습니다. 블로그 포스트로 신뢰성과 전문성과 권위를 확인한 고객은 당신이 파는 콘텐츠라면 어떤 것이든 사게 마련입니다. 그러니 콘텐츠사업은 판매도 필요 없습니다.

코로나19 팬데믹 이후 더욱 부각된 콘텐츠사업의 장점이 있습니다. 전적으로 온라인에서 가능한 사업이란 것입니다. 무형의 지식을 디지털 콘텐츠로 만들어 파는 일은 온라인에서 100퍼센트 가능한 사업으로 시간 장소에 구애받지 않고 전개할 수 있습니다. 이 말은 콘텐츠사업은 얼마든지 자동화할 수 있다는 뜻이기도 합니다. 콘텐츠 상품 소개 등 판매에 필요한 모든 것을 포스트로 만들어 블로그에 올려놓으면 언제든 어디서든 고객이 읽고 구매하는, 팔지 않아도 팔리는 구조가 가능해집니다.

누구든 때가 되면 명함을 내려놓고 회사를 떠나야 합니다. 회사 밖은 완벽한 개인전입니다. 명함 뒤에 숨을 수 없고 조직에 기댈 수 없으며 학벌이나 경력에 얹혀 가지도 못합니다. 100퍼센트 자기 능력으로 살아남아야 합니다. 그 정글에서 콘텐츠사업을 하며 20년이나 생존했습니다. 그것도 펜 한 자루 달랑 들고 집에서, 방 한 칸으로 만든 사무실에서 말입니다. 건강이 허락하면 앞으로도 20년은 더 거뜬할 것 같습니다. 살아 있는 한 나는 경험을 멈추지 않을 것이고 경험하는 한 그 경험을 지식으로 콘텐츠화 해서 팔 수 있으니까 말입니다!

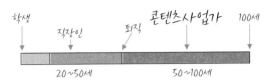

50년, 콘텐츠사업가로 살아남는 법

　당신도 곧 퇴사할 계획인가요? 이미 퇴사했나요? 아이를 돌보려고 회사를 그만두는 바람에 경력이 단절되어 속상한가요? 이직하고 싶어 엉덩이가 들썩이나요? 다른 일을 해보려 하나요? 지금 당신이 어떤 입장이든 어떤 선택을 하든 좋습니다. 다만 남이 주는 명함, 지위, 월급에 기대지 마세요. 언젠가 사라집니다. 대신 지금 당장 콘텐츠사업을 시작하세요. 잘하는 일, 좋아하는 일로 틈새에 내 영역을 만들어 책 쓰고 강의하고 코칭하고 컨설팅 하고 기업이나 관공서 자문도 하고 전문가로 인정받아 전문성을 뽐내며 돈을 벌고, 들이는 돈 없이도 들어오는 돈으로 혼자 자유롭게 자신만만하게 죽는 날까지 살면 어떨까요? 콘텐츠사업자로 시동 거는 순간 빠르게 부자 되는 '추월차선'을 거쳐 당신만의 부자 '전용차선'을 달리게 될 것입니다. 그러면 100세까지 편안하고 자유롭게 살 수 있습니다. 지금 바로 시동 걸어 볼까요? 준비요? 인터넷이 연결되는 컴퓨터, 이미 갖고 있지요? 그러면 다른 준비는 하나도 필요 없습니다.

FASTLANE

CONTENTS

좋은 콘텐츠는 힘든 인생에 다가간다.

우에키 노부타카

잔소리도 돈으로 바꾸는 콘텐츠사업

세계 최고의 투자가인 워런 버핏과 점심 한 끼를 먹으려면 50억 원쯤의 돈이 듭니다. 50억 원짜리 점심을 먹는 자리에서 대부분의 사람들은 성공하는 투자에 관한 조언을 청합니다. 즉, 워런 버핏은 세계 최고의 투자가이면서 오랜 투자 경험에서 얻은 노하우를 비싸게 파는 콘텐츠사업자이기도 합니다.

김새별 님은 유품정리사입니다. 세상을 떠난 이들이 남긴 마지막 흔적을 정리하는 일을 합니다. 2007년부터 지금까지 1천여 건이 넘는 현장을 정리했다니 나름의 생각과 지혜가 많이 생겼겠지요. 방송, 신문을 통해 그가 하는 일이 알려지면서 그의 생각과 지혜를 알고 싶어 하는 사람들이 많아졌고 김새별 님은 자신의 생각을 '아름다운 마무리를 위한 7계명'으로 정리하여 강연과 책으로 공유합니다.

직장인 복만두 님은 비혼의 여자 사람으로 살면서 똘똘한 아파트 한 채가 결혼보다 연애보다 훨씬 중요하다고 생각했습니다. 부동산 재테크 공부를 하기 시작했고 꽤 좋은 실적을 쌓았습니다. 이런 성과가 소문나자 주위에서 비결이 뭐냐고 묻기 시작했고 그녀도 워런 버핏처럼 투자 조언을 팔기로 했습니다.

경험은 어떻게 돈이 되는가

콘텐츠사업은 분야나 아이템, 사람을 가리지 않습니다. 당신이 경험한 어떤 것에 대해 궁금해 하는 사람이 있거나 당신이 해낸 어떤 일이나 성취, 극복한 어려움에 대해 사람들이 그 비결을 알고 싶어 한다면 콘텐츠사업에 돌입할 수 있습니다.

콘텐츠사업은 무형의 상품을 파는 일이라 여느 사업처럼 사업장도 직원도 필요하지 않습니다. 사업의 핵심인 판매와 마케팅조차 따로 공부하거나 노력하지 않아도 됩니다. 소셜채널에 콘텐츠를 제공하는 것으로 모두 해결됩니다. 그러니 사업을 준비하고 전개하는 데 비용이 들지 않습니다. 준비라고는 살아오면서 체득한 경험에서 남들이 관심, 시간, 돈을 들여 살 만한 조언을 만드는 것입니다.

수년에 걸쳐 획기적인 제품을 개발하고 특허출원에 유난한 보안 작업을 거쳐도 청소기는 출시되자마자 경쟁 브랜드에 따라잡힙니다. 그러면 또 그것보다 성능 좋은 청소기를 만들어야 합니다. 끝없는 경쟁의 소용돌이입니다. 곤도 마리에, 여기 청소기가 아니라 '청소'를 파는 사람이 있습니다. 넷플릭스가 그녀의 콘텐츠를 만들어 올림으로써 일약 세계적인 스타로 등극했지요. 곤도 마리에는 청소라는 주제를 '정리'라는 콘텐츠로 만들어 세계 1위가 되었고 '정리 콘텐츠' 분야에서 그녀의 브랜드는 아무도 흉내 낼 수 없습니다.

엠제이 드마코는 그의 역작 『부의 추월차선』에서 일하지 않고도 돈을 버는 돈나무 씨앗 5개를 이야기합니다. 임대 시스템, 컴퓨터·소프트웨어 시스템, 콘텐츠 시스템, 유통 시스템, 인적자원 시스템이 그것입니다. 일하지 않고도 지속적으로 돈을 버는 '수동적 소득Passive Income'이 가능한 시스템을 구축하라는 그의 역설이 매우 설득력 있습니다. 우리가 주목해야 할 것은 3번째 콘텐츠 시스템입니다. 돈나무로 자라는 씨앗 중 유일하게 투자금이 0원인 것이 바로 콘텐츠사업입니다.

산업 시대에는 금융자산이 돈벌이를 좌우했습니다. 하지만 아이디어 하나가 인류의 오랜 라이프스타일을 하루아침에 바꿔버리는 시대에는 보이지 않는 자산인 '지식'이 돈벌이를 좌우합니다. 아이디어 하나로 온 세계의 돈을 긁어모으는 지식경제시대에는 지식자산만으로도 부의 추월차선을 달릴 수 있습니다. 누구든 어떤 일을 하며 혹은 취미나 특기 또는 특정 문제를 해결하는 아이디어에 공을 들였다면 현금화 가능한 지식자산을 가졌다는 뜻이고 인도나 서행 차선을 벗어나 부자로 향하는 추월차선으로 바꿔 탈 수 있다는 의미입니다.

산다는 것은 경험한다는 것이고 경험했다는 것은 어떤 종류든 기술이나 노하우, 비법 같은 것을 축적했다는 뜻입니다. 당신의 광산에는 어떤 원석이 묻혀 있는지 궁금하지 않으세요? 당신이 살아온 시간만큼 일해 온 시간만큼 누적된 경험을 지식콘텐츠로 만들면 어떨까요?

콘텐츠사업 핵심 용어 이해하기

무엇이든 제대로 이해하고 납득하면 행동이 빨라집니다. 콘텐츠사업을 빠르게 이해하고 파악하도록 이 책에 나오는 몇 가지 핵심 용어를 먼저 살펴봅니다.

콘텐츠

콘텐츠contents는 사전에 '인터넷이나 컴퓨터 통신 등을 통하여 제공되는 각종 정보나 그 내용물'이라 나옵니다. 이 책에서는 온라인뿐 아니라 책, 강연이나 강의 등 고객과의 접점에서 발생하는 모든 미디어에 담는 내용물을 의미합니다. 콘텐츠는 파는 사람과 사는 사람을 맺어주는 연결 고리입니다. 인공지능을 동원한 첨단 기술은 고객에게 다가갈 기회를 만듭니다. 고객이 사게 만드는 일은 콘텐츠가 합니다. 고객에게 유용한 콘텐츠를 제공하여 당신의 제품이나 서비스를 찾아오게 만들고 당신의 아지트에 머물게 하여 당신의 콘텐츠에 반하게 만들어 마침내 콘텐츠 제공자인 당신의 팬으로 만들기, 이것이 콘텐츠가 하는 일이며 콘텐츠사업의 근간입니다.

사는 사람　　　파는 사람

콘텐츠

캐시콘텐츠

'현금'을 의미하는 영어 단어인 '캐시Cash'에 '콘텐츠'를 더해 만든 말로 고객이 돈은 물론 디지털 화폐인 관심과 시간을 지불할 만큼 가치 있는 콘텐츠를 말합니다. 캐시콘텐츠는 구글이 요구하는 콘텐츠 수준인 전문성–권위–신뢰성을 충족합니다. 콘텐츠사업에 필요한 유일한 준비 조건으로 캐시콘텐츠 없이는 콘텐츠사업이 불가능합니다.

콘텐츠사업

콘텐츠를 팔아 이윤을 추구하는 일을 말합니다. 경험에서 추출한 지식 (능력이나 기술, 노하우)을 특정 문제에 대한 해결책으로 만들어 파는 사업입니다. 대면 비대면, 온라인 오프라인 등의 환경에 구애받지 않고 인터넷에 연결된 노트북 한 대만 있으면 누구나 할 수 있는 사업입니다.

콘텐츠사업은 어떤 사람이 문제를 해결하거나 욕구를 충족시키기 위해 당신에게 조언을 듣고 싶어 할 때 성사됩니다. 조언은 즉흥적 조언에서 강연이나 유튜브, 워크숍 등 말로 글로 가르침을 전수하는 전문적 조언, 돈을 내고 필요로 하는 도움이나 해결책인 전략적 조언까지 다양합니다.

콘텐츠사업 플랫폼

콘텐츠사업에 필요한 온라인 사업장을 말합니다. 홈페이지보다 개설, 운영, 관리가 쉽고 무료로 무한히 제공되는 소셜채널이 콘텐츠사업 플랫폼으로 좋습니다. 그중에서도 블로그가 가장 적합합니다.

골수팬

골수팬은 내 콘텐츠를 열성적으로 좋아하고 자동 구매하며 자발적으로 전도하는 충성고객을 이르는 말입니다. 콘텐츠사업에 성공하기 위해 수십만의 팬을 가질 필요는 없습니다. 수십 명의 골수팬만 있으면 됩니다.

콘텐츠사업 최단 경로; 3B

3B 경로는 콘텐츠사업을 쉽고 빠르고 근사하게 진행하는 최적의 수순입니다. 블로그Blog - 책Book - 사업 전개Business 순으로 진행합니다. 블로그에 써 모은 캐시콘텐츠로 책을 출간함으로써 퍼스널브랜드를 구축하고 이를 기반으로 콘텐츠사업이 탄력을 받습니다.

콘텐츠사업 수익 파이프라인; 강/출/교/조

강/출/교/조란 콘텐츠로 수익을 창출하는 4종류의 파이프라인을 가리킵니다. 강연하기 - 출판하기 - 교육하기 - 조언하기 4종류의 판매 경로이기도 합니다. 캐시콘텐츠는 4개의 경로를 통해 온라인 오프라인, 대면 비대면 할 것 없이 판매가 가능합니다.

콘텐츠사업 플라이휠

경영 컨설턴트 짐 콜린스는 위대한 기업은 모두 사업 성과를 야기하는 선순환 고리를 만들어 그 고리를 끊임없이 돌린 결과라고 합니다. 콘텐츠사업도 블로그에 콘텐츠를 포스팅하는 일을 지속하여 사업에 성공하는 선순환 고리를 만들면 위대한 콘텐츠사업이 될 수 있습니다.

고품격 세일즈

콘텐츠사업은 세계적인 추세인 인바운드 마케팅을 근간으로 합니다. 인바운드 마케팅이란 제품, 서비스에 관심 있는 사람이 먼저 찾아와서 제품, 서비스를 사게 만드는 마케팅 방법을 말합니다. 판매를 위한 노력 없이도 제품을 사게 만드는 방식이라 고품격 세일즈라 부릅니다. 콘텐츠사업은 캐시콘텐츠를 중심으로 펼치는 인바운드 마케팅 방식으로 가성비와 수익률이 매우 높은 고품격 세일즈의 전형입니다.

콘텐츠사업 창업하기

이 책에서는 콘텐츠사업의 창업에 필요한 모든 준비를 세심하게 알려드립니다. 온라인 사업장인 플랫폼 만들기, 콘텐츠사업 아이템 발굴하기, 사업용 캐시콘텐츠를 생산하고 팔기까지 전 과정을 알려드립니다. 콘텐츠 생산수단이자 기반 설비인 글쓰기와 스토리텔링 노하우도 전수해드립니다.

평범한 보통 사람도 콘텐츠사업이 가능할까요?

세계적인 성과를 거둔 영화 〈미나리〉는 영화를 만든 정이삭 감독의 실제 경험을 기초로 만든 이야기입니다. '가장 개인적인 것이 가장 보편적인 것'이라는 말의 증거가 되었지요. 봉준호 감독도 '가장 개인적인 것이 가장 세계적'이라고 말한 적이 있습니다.

나처럼 평범한 사람도 콘텐츠사업이 가능할까요?

콘텐츠사업 코칭 현장에서 참 많이 듣는 질문입니다. 그럼요, 물론입니다. 내 대답은 항상 이렇게 경쾌합니다. 왜냐하면 어떤 경험도 평범하지 않기 때문입니다. 내가 온전히 경험한 것은 세상에 둘도 없는 아주 귀한 것입니다. 혼자만 오롯이 경험한 것이 아니라 누구나 다 경험한 것을 콘텐츠로 만드는 것이 정말 어렵고 힘든 일입니다.

무면허 혹은 재야의 고수

영화 〈킹스 스피치〉는 언어치료사와 언어장애로 고생하는, 훗날 왕이 된 환자와의 우정을 다룬 이야기입니다. 제2차 세계대전 직전의 영국 왕실, 오랫동안 언어장애로 고생한 왕세제는 무면허 치료사 라이오넬 로그를 만납니다. 내로라하는 왕실 전문가도 해결하지 못한 언어장애를 과연 이런 사람이 치료할 수 있을까 하는 의심이 잔뜩 묻어나는 음성으로 왕세제는 그에게 묻습니다.

"자격이 있냐? 면허는 있냐? 박사냐?"

호주 출신의 라이오넬 로그는 이렇게 대답합니다.

"난 배우지 않았으니 학위가 없다. 그래서 박사도 아니다. 대신 나는 충분히 경험했다. 치료했고 성공했다. 당신을 치료하는 일도 성공할 수 있다."

장담한 대로 라이오넬 로그는 왕세제의 언어장애를 치료했고 왕위 등극을 돕습니다. 영화 속 왕세제는 바로 조지6세, 지금 영국 여왕 엘리자베스의 아버지입니다. '꿩 잡는 것이 매'라는 말은 실력 있는 사람이 이긴다는 뜻입니다. 지금은 라이오넬 로그 같은 '재야의 고수' 시대입니다. 살림을 정리하면 인생이 펴진다는 정리 전문가, 주부를 대상으로 재테크 노하우를 전수하는 주부, 매장에서 고객의 마음을 사로잡는 토크센스를 보급하는 은행원 등 특정 문제를 자신만의 방법으로 해결하고 성과를 만든 무면허 전문가들이 조언 사업가로 승승장구하고 있습니다. 인터넷과 소셜채널 덕분입니다.

콘텐츠사업에 적격인 오지라퍼들

당신이 만약 주위 사람들에게 허구한 날 이래라저래라 하는 잔소리쟁이라면, 누군가가 힘들어 하는 것을 보면 그냥 있지 못하고 '이렇게 해보라'며 조언하는 오지라퍼라면, 어떤 것에 대해 2박3일 이야기해도 지치지 않는 수다쟁이라면 당신은 콘텐츠사업의 적격자입니다. 잔소리를 돈 받고 하면 조언이 되기 때문입니다!

콘텐츠사업은 조언 사업입니다. 콘텐츠사업의 첨병인 책 쓰기로 콘텐츠사업을 코칭한 경험에서 보면 이름을 대면 알 만한 유명 인사, 학위를 가진 박사님, 국가 면허가 빛나는 전문직, 내로라하는 자격증을 가진 '평범하지 않은' 사람들이 콘텐츠사업에서는 오히려 치명적입니다. 이들은 '경험'했다기보다 그 분야의 지식만 축적한 사람들이기 때문입니다.

"경제학자는 주식을 사고팔아서 돈을 많이 번 사람이 아니다. 그런데 왜 주식을 사고파는 사람들은 그들의 이야기를 귀담아듣는지 모르겠다."

워런 버핏이 한 이 말은 경험하지 않은 것에 대해서는 어떤 지위를 가진 사람이라도 적절하게 조언할 수 없다는 뜻입니다. 반대로 경험하고 경험에서 추출한 조언이 가능하다면 누구라도 콘텐츠사업이 가능하다는 말이기도 합니다. 콘텐츠사업에 관해서는 경험이 곧 자격입니다.

진짜 콘텐츠사업으로 먹고살 수 있나요?

쉬운 영어 단어도 잘 모르던 '영포자(영어 포기자)'에 수능 9등급 '공부 꼴찌'가 영어 공부에 도전하더니 1년 만에 영어 통역사가 됩니다. 영포자로 맺힌 원과 한을 보란 듯이 푼 그에게 비결을 들려 달라는 요청이 쏟아집니다. 승무원 준비생, 유학 준비생, 나이 많은 CEO, 현직 외교관……. 이런 소문은 요즘 같은 소셜시대에 금방 퍼지지요. 출판사에서 책을 내자 합니다. 출판사는 책을 팔기 위해 이런저런 마케팅을 하고 책이 좀 팔리면 인플루언서가 앞다투어 소개하고……. 이쯤 되면 한때 '영포자'였던 장동완 님의 콘텐츠는 그야말로 날개 돋친 듯 팔려 나갑니다. 특강이 쇄도하고 세미나와 직무 연수 요청이 쏟아지고 1대1로 비법을 전수받고 싶어 하는 사람도 생깁니다. 장동완 님은 이제 '100번 듣고 100번 말하기'라는 내용의 〈100LS 영어 비법〉을 콘텐츠로 만들어 파는 콘텐츠사업자입니다.

그런데, 콘텐츠사업, 진짜 돈 벌리나요?

콘텐츠사업 하기 쉽다, 누구나 가능하다, 비용도 들지 않는다고 하니 이런 의심을 가진 사람도 많습니다. 그럼요! 명색이 사업인데 당연히 돈을 벌지요. 콘텐츠사업은 여느 창업 업종 가운데 수익률이 높기로 으뜸입니다. 초기 투자금, 운영자금이 0원이다 보니 버는 만큼 수익이 되는 최고의 투자수익률을 자랑합니다. 콘텐츠사업의 높은 수익률은 다양하고 탄탄한 파이프라인, 판매 경로 덕분입니다. 강연하기Speak-출판하기Publish-교육하기Instruct-조언하기coNsult 이렇게 4종류의 판매 경로가 있습니다. 여기에 콘텐츠를 게시하는 소셜미디어에 붙는 광고 수익은 보너스입니다.

강연하기Speak	강연, 특강, 유튜브
출판하기Publish	종이책, 전자책, 소셜미디어, 오디오북, 저작권 대여
교육하기Instruct	강의, 세미나, 워크숍, 직무 연수, 인터넷 강의
조언하기coNsult	특정한 문제 해결을 위한 코칭, 컨설팅, 상담, 자문

조언에 돈 쓰는 사람이 있을까요?

2020년 신규 증권계좌 소유주의 절반이 2030세대라 합니다. 영혼을 끌어다 부동산을 매입하고 비트코인 광풍을 돌리는 주역도 이들이라 합니다. 빠르게 돈을 벌고 싶은 몸부림입니다. 이런 상황에서 조언 따위에 돈 쓰는 사람이 있을까요? 부동산이나 주식, 비트코인에 투자하여 돈을 벌려는 사람은 손해 보지 않고 가급적 빠르게, 가급적 많은 돈을 벌고 싶어 합니다. 그러려면 전문가의 조언이 필수지요. 재테크 투자자보다 투자가에게 콘텐츠를 팔아 돈 번 사람이 더 부자 된다는 말은 공공연한 비밀입니다. 미국 골드러시 때 금을 캐러 산에 들어간 사람보다 그들에게 청바지를 판 사람이 돈을 더 번 것처럼 말입니다.

콘텐츠사업 수익 모델; 탄탄한 파이프라인

그렇다면 콘텐츠사업은 어떤 식으로 돈을 벌까요?

① 콘텐츠 판매 수입

특정 문제를 해결하는 데 도움이 된다는 소문이 나면 콘텐츠는 책이나 강의로 시장에 알려집니다. 시장에 알려지면 다시 책 출간 기회를 얻고 강의가 강의를 낳으며 선순환에 돌입합니다. 해당 분야의 전문가임이 콘텐츠로 입증되고 알음알음 입소문이 나기 시작하면 신문이나 잡지, 사보, 콘텐츠 전문 회사로부터 원고와 칼럼 청탁도 들어옵니다. 원고 청탁에 응하여 콘텐츠를 생산하면 쏠쏠한 원고료 수입, 매체를 통한 홍보, 재활용 가능한 소스 콘텐츠 확보라는 이익과 성과를 돌려받습니다. 이 글을 쓰는 지금도 나는 정부에서 발간하는 〈나라경제〉에 칼럼을 연재하고 인터넷 카페 '월급쟁이 부자들'에 '월급쟁이 부자되는 책읽기'라는 주제의 칼럼도 연재합니다. 이름난 매체이거나 회원 수가 수십만 명인 커뮤니티의 칼럼 연재는 돈을 받지 않아도 해볼 만한 도전입니다. 콘텐츠를 만들고 예비 고객에게 이름을 알리는 것도 다 돈이 되는 일이기 때문이지요.

콘텐츠를 책이나 전자책, 오디오북으로 출판하면 그에 따른 인세 수입이 들어옵니다. 특히 책을 출판하여 얻는 수입은 책 쓰기라는 산고의 고통을 잊을 만큼 매력적입니다. 책이 팔리면 권당 얼마씩 수익을 배분받습니다. 예를 들어 15,000원짜리 책을 인세 10퍼센트로 계약한다면 1만 부 판매 시 1,500만 원의 돈을 법니다. 3.3퍼센트 세금을 제하고 통장에 입금됩니다. 책 한 권 낼 때마다 이러하니 매번 큰돈이 아니라 해도 책을 여러 권 내면 인세 수입이 상당합니다. 출판용으로 만든 콘텐츠는 전자책, 오디오북, 인터넷 강의 등 파생상품을 낳을 수 있고 상품이 팔릴 때마다 돈이 들어옵니다.

② 라이선싱으로 버는 돈

출판사에서는 내 콘텐츠를 해외로 수출하거나 파생상품을 만들어 팝니다. 팔리는 만큼 인세를 받습니다. 내 책이 다른 나라 언어로 출간될 때의 보람과 기쁨은 돈벌이와는 또 다른 차원의 보람과 기쁨입니다.

③ 강연, 강의로 버는 돈

당신의 콘텐츠를 원하는 이가 많아지면 공기업, 민간기업, 정부조직, 학교, 교육 업체에서 당신을 초청하여 강연, 강의 듣기를 청합니다. 코로나19 팬데믹 이후에는 인터넷 강의 요청도 잦습니다.

④ 워크숍, 세미나, 연수 교육으로 버는 돈

당신의 콘텐츠가 기업의 생산성과 성과를 향상하는 데 기여한다고 여겨지면 기업은 워크숍이나 세미나, 연수 교육을 요청합니다. 클라이

언트가 기업이라 수입이 가장 쏠쏠합니다.

⑤ 개별 판매로 버는 돈

줌이니 닥터줌이니 하는 강연 강의 플랫폼을 사용하여 콘텐츠를 개별로 판매합니다. 교육용 콘텐츠를 만들어 플랫폼을 이용하여 팔면 됩니다.

⑥ 조언, 자문으로 버는 돈

강연이나 강의로 콘텐츠의 효험을 경험한 이들은 그 노하우를 직접 전수받고 싶어 합니다. 코칭, 상담, 컨설팅 요청이 이어지고 개별 요청에 맞게 콘텐츠를 서비스하여 돈을 법니다. 또 해당 분야 최고의 콘텐츠라 소문이 나면 사회 각 처에서 조언과 자문역을 요청합니다. 특정 회의에도 참석해 달라 요청받습니다. 교통비, 상담료, 조언료로 돈이 들어옵니다.

⑦ 광고 수익으로 버는 돈

유튜브나 블로그에 콘텐츠를 지속적으로 올리면서 광고 채널로 등록하면 해당 플랫폼이 콘텐츠에 맞게 광고를 붙이고 광고료를 지급합니다.

콘텐츠가 저절로 팔리는 마법 구조 만들기

사업의 핵심은 판매입니다. 판매 없는 사업은 없습니다. 콘텐츠사업도 핵심은 콘텐츠를 파는 것입니다. 그런데 세상에는 판매, 영업이란 말만 들어도 경기를 일으키는 사람이 훨씬 많습니다. 나도 그중 한 사람입니다. 내가 독립할 때 아무도 나에게 영업의 중요성에 대해 알려주지 않았습니다. 여성지 편집장, 대기업 간부 출신이라는 어쭙잖은 자기애가 판매와 영업을 방해했습니다. 콘텐츠를 팔려고 애쓰지 않으니 콘텐츠가 팔릴 리 없지요. 그때 내가 할 수 있는 것이라고는 블로그에 콘텐츠를 올리는 것뿐이었습니다. 내 콘텐츠사업 아이템인 '돈이 되는 글쓰기'에 대해 쓰고 또 썼습니다. 콘텐츠가 입소문을 타면서 영업과 판매 없이도 콘텐츠가 팔리기 시작했습니다. 블로그에 올려놓은 이메일 주소로 강연 요청이 들어오고 블로그에 올려놓은 코칭 신청서가 도착했습니다. 블로그에 콘텐츠를 올리는 것이 판매와 마케팅 활동을 대신하는 것임을 한참 후에나 알았습니다.

저절로 팔리는 마법 구조 만들기

유용한 콘텐츠를 소셜채널에 연재하면 그것을 필요로 하는 예비 고객이 당신을 찾아옵니다. 콘텐츠로 예비 고객을 불러 모으고 그들의 호감을 사고 그들에게 매력을 어필하여 그들로 하여금 팬이 되게 만드는 것, 이것이 콘텐츠 마케팅 효과입니다. 그래서 나는 소셜채널에 콘텐츠를 연재하는 단계를 '콘텐츠사업 활주로 조성 사업'이라 부릅니다. 길고 탄탄한 활주로가 준비되면 항공기가 안전하게 날아오르듯 콘텐츠사업에서도 활주로가 탄탄하게 조성되면 판매, 영업 없이도 마케팅을 하지 않아도 콘텐츠사업은 저절로 굴러갑니다. 요컨대 콘텐츠로 소셜채널을 채우는 작업만으로도 콘텐츠가 저절로 팔리는 마법 구조가 완성되는 것입니다.

누구나 하기 마련인 경험에서 조언을 뽑아 콘텐츠로 판다 혹은 늘 입에 달고 사는 잔소리를 노하우로 만들어 판다 했지만 콘텐츠사업의 최고 장점은 이렇게 간단하다는 것입니다. 해본 사람만이 아는 콘텐츠사업의 진짜 매력은 '팔지 않아도 팔린다'는 마법입니다. 팔지 않아도 콘텐츠가 팔리는 이유는 유용한 것이라면 알아서 찾아오고 구매하고 추천까지 하는 충성고객 덕분입니다.

소셜채널에 유용한 콘텐츠를 일관되게 지속적으로 제공하면 콘텐츠가 필요한 사람들이 플랫폼에 찾아오고 콘텐츠를 한 편 한 편 소비하며 오래 머뭅니다. 이들은 콘텐츠 주제와 내용과 의미를 사이에 두고 댓글로 콘텐츠 제공자와 소통하며 "사주세요" 하지 않아도 콘텐츠를 구매하고 나아가 콘텐츠를 전도하는 충성고객이 됩니다. 1명 1명의 충성고객이 콘텐츠사업을 저절로 굴러가게 만듭니다.

케빈 켈러, 충성팬 1천 명 이론

"성공한 사람이 되기 위해서 당신에게 필요한 건 1천 명의 충성팬뿐이다. '100만'이라는 숫자는 필요 없다."

미국 실리콘밸리의 스타이자 기술 칼럼니스트 케빈 켈러가 만든 '충성팬 1천 명' 이론입니다. 그가 말하는 '충성팬'이란 당신이 만드는 건 무엇이든지 사는 사람입니다. 케빈 켈러는 당신을 무조건 지지하고 응원하는 1천 명의 팬이 함께 한다면 당신의 영역에서 콘텐츠 크리에이터

1인자로 살아가는 데는 부족함이 없을 것이라고 말합니다.

"좋아요와 하트와 댓글을 많이 단다고 충성팬은 아니다. 당신의 그림이나 책, 음반, 향수를 사는 사람이 충성팬이다."

케빈 켈러의 계산을 좀 더 들여다보면 이렇습니다. 당신의 콘텐츠를 사는 충성팬이 1천 명쯤 되고 팬 1명이 1년에 100달러어치(월 9달러 정도/한화로 1년에 약 10만 원, 한 달에 약 9천 원) 콘텐츠를 산다면 콘텐츠사업 매출은 연 1억 원쯤 됩니다. 이 돈이면 경비를 제하고 세금을 내더라도 먹고살 만하다는 것이 '충성팬 1천 명' 이론의 핵심입니다. 나는 케빈 켈러의 이론에 100퍼센트 공감합니다. 나야말로 충성팬이 내 콘텐츠를 사준 덕분에 20년이나 혼자 콘텐츠사업을 할 수 있었고 내가 일하는 분야에서 이름만으로도 통하는 퍼스널브랜드가 되었습니다.

골수팬 100명이면 무조건 성공?!

케빈 켈러가 말하는 1천 명도 너무 많다며 "단 100명이면 된다!"는 반가운 이론도 있습니다. 실리콘밸리에서 활약하는 벤처 투자가 리 진은 '골수팬' 100명만 있으면 콘텐츠사업이 굴러가는 데 충분하다고 주장합니다. 그녀는 충성팬 1천 명이 1년 동안 100달러, 한 달에 10달러 정도 지불하는 것은 '기부'라고 규정합니다. 대가를 바라지 않고 누군가를 응원하고 지지하는 마음을 돈으로 표현하는 것이라고 말입니다. 리 진이 말하는 골수팬은 1년에 약 1천 달러, 한 달에 100달러 정도 지불하는 사람으로 이는 콘텐츠를 구매하는 것이라고 규정합니다. 리 진은 콘텐츠 제공자를 지지하고 응원하는 차원의 팬 1천 명보다 콘텐츠의 가치를 인정하여 제값 내고 구매하는 골수팬 100명이 콘텐츠사업에는 훨씬 유리하다고 말합니다. 나는 리 진의 견해에 200퍼센트 동의합니다. 나야말로 유용한 콘텐츠를 제값 받고 '거래'하고 있는 콘텐츠사업자이기 때문입니다.

유튜브는 슈퍼챗이나 트래픽, 조회 수로 돈을 버는 기부 기반 소셜채널입니다. 유튜브 콘텐츠는 콘텐츠 자체보다 콘텐츠 제공자의 인지도나 사회적 지위, 놀랄 만한 성취를 가졌는가에 크게 좌우됩니다. 혹은 좀 유별나거나 유난한 콘텐츠라야 합니다. '기부'라는 수익 모델로 먹고살려면 유명한 사람이거나 흥미와 재미 중심의 엔터테인먼트 콘텐츠를 제공해야 합니다. 보통 사람은 흉내 내기 어려운 자극적인 콘텐츠여야 하고 자극이 점점 강해져야 주목을 유지할 수 있습니다.

반면 '거래'되는 콘텐츠의 기준은 '유용함'이 전부입니다. 유용한 콘텐츠는 인지도, 사회적 지위나 성취가 없어도 누구나 만들 수 있습니다. 이런 이유로 나는 '기부' 받는 콘텐츠가 아니라 '거래'되는 유용한 콘텐츠로 사업하기를 권합니다. '기부' 모델의 콘텐츠사업은 나를 포함한 보통 사람들에게는 '넘사벽'입니다. 유명하거나 지위가 높거나 대단하게 성공하는 것은 누구나 원한다고 무조건 이룰 수 있는 게 아닙니다. 하지만 삶에서 경험에서 채취한 유용한 콘텐츠는 누구나 얼마든지 만들 수 있습니다. 유용함을 인정받아 거래하는 방식은 보통 사람이 콘텐츠사업으로 성공하기에 수월한 방식입니다.

팔로워 수가 적어서 실패하는 건 아니다

아리아나 르네는 260만 명의 팔로워를 보유한 인스타그래머입니다. 2019년 어마어마한 영향력을 등에 업고 티셔츠 브랜드 사업에 시동을 걸었습니다. 260만 명이나 되는 팔로워가 있으니 10퍼센트만 사도 티셔츠를 26만 장 팔 수 있다는 계산이 가능하지요. 르네는 샘플 티셔츠를 제작하고 사진작가와 메이크업 아티스트를 고용하여 홍보용 사진을 찍는 등 프로젝트에 심혈을 기울였습니다. 티셔츠는 몇 장이나 팔렸을까요? 실제로 주문받은 티셔츠는 36장이었습니다. 결국 르네는 티셔츠 브랜드 사업을 포기했습니다. 전문가들은 그녀의 이 같은 참사를 두고 인스타그램의 인기가 시들해졌다느니 티셔츠가 사고 싶을 만큼 멋지지 않았을 거라느니 하며 원인을 분석했지만 이것 하나만은 분명합니다.

"팔로워 숫자와 팬심은 비례하지 않는다."

팬심이란 상대가 무엇을 하든 묻지도 따지지도 않고 그를 위해 행동하는 것을 말합니다. 같은 해 11월, 일에 대한 메시지를 티셔츠, 의자, 텀블러 등에 새겨서 파는 디자인 브랜드 모베러웍스는 론칭을 기념하여 후드 티셔츠를 제작, 유튜브에서 팔았습니다. 첫날 348명이 모베러웍스 유튜브를 구독했고 70명이 티셔츠를 샀습니다. 론칭 한 달쯤 지나 크리스마스 무렵에는 구독자 수가 1천 명에 달했고 100장의 티셔츠가 팔렸습니다. 구독자 수의 10퍼센트가 구매한 것입니다. 모베러웍스가 이룬 쾌거는 '팬심으로 똘똘 뭉친 골수팬은 숫자를 초월한 기적을 이룬다'는 주장의 증거입니다.

내 블로그 '돈이 되는 글쓰기'에는 이 책을 쓰는 지금, 3천 명 남짓한 팔로워가 전부입니다. 인터넷 카페 '빵굽는타자기'에도 멤버는 14,000명뿐입니다. 먹고사는 문제와 직결되지 않는, 전문적이고 재미와는 담을 쌓은 주제를 다루는 터라 이 정도도 팔로워가 적다고는 할 수 없지만 숫자만 놓고 봤을 때는 인플루언서 축에도 낄 수 없습니다. 하지만 내 콘텐츠는 이 플랫폼에서 생산되어 알려지고 책으로 강연으로 워크숍으로 컨설팅으로 판매되어 이 분야 최고의 영향력을 자랑합니다. 팔로워 숫자는 적어도 '팬심'으로는 타의 추종을 불허합니다.

시장이 놀라는 골수팬의 기적

내가 블로그에 게시한 콘텐츠를 책으로 출간하여 블로그에 홍보하면 팔로워 숫자가 3천 명이니 100퍼센트 다 구매한다 해도 3천 권이 최대치입니다. 하지만 내 출판 콘텐츠 중의 하나인 『150년 하버드 글쓰기 비법』은 출간된 지 보름 만에 1만 부가 팔리더니 그예 10만 명이나 되는 독자에게 선택을 받았습니다. 팔로워가 3천 명뿐인데 어째서 이런 이변이 일어났을까요? 나는 이를 골수팬 효과로 이해합니다. 골수팬이란 내 콘텐츠를 열성적으로 좋아하고 자발적으로 구매하고 전도하는 충성 고객을 말합니다. 내 골수팬은 블로그를 통해 책 출간 소식을 접하고 서점에서 판매가 시작되면 일제히 책을 사서 자신의 소셜채널에서 책을 홍보합니다. 유튜브, 페이스북, 블로그, 팟캐스트로 내 책의 면면을 소개하고 책이 얼마나 좋은지 강조하고 추천하며 책을 사 보라 권합니다. 골수팬 1명 1명이 '일당백'입니다.

'일당만' 하는 골수팬도 적지 않습니다. 골수팬 클럽 '송작가후원회'에서는 책을 대량으로 구매하여 주위에 선물하고, 대학교수인 골수팬은 학생들에게 독후감 과제로 내 책을 선정하고, CEO 골수팬은 직원 수만큼 책을 사서 교육용으로 활용합니다. 교육기관의 골수팬은 내 책에서 다룬 주제로 프로그램을 기획하고 수강생에게 책도 나눠줍니다. 직업 강사인 골수팬은 내 책으로 강의와 강연을 합니다. 내가 진행한 강연을 듣거나 교육 받은 사람들 가운데서도 책을 소문내는 골수팬이 있습니다. 구독자 수 수십만을 자랑하는 책 추천 전문 유튜버(북튜버라고 하지요)는 자발적으로 내 책을 보여주고 내용을 읽어주며 사서 보라고 권합니다. 물론 나는 이 북튜버를 알지도 못하고 그에게 돈 1원도 쓰지 않았는데 말입니다. 책뿐일까요? 골수팬은 내 강연과 워크숍과 코칭 프로그램도 알아서 삽니다. 3천 명의 팔로워로 10만 권의 책을 파는 이상한 셈법은 이러한 신비한 과정을 거쳐 일어나는 골수팬 효과입니다.

반면 수백만 명의 구독자를 거느린, 소셜채널의 톱스타 인플루언서라 해도 그가 낸 책이 1천 권도 팔리지 않는 경우가 허다합니다. 그의 팔로워는 '좋아요'와 '하트'만 선심 쓸 뿐 콘텐츠를 구매하고 전도하는 골수팬은 아니기 때문입니다.

콘텐츠사업에 불을 붙이는 팬심

—

팔로워가 3천 명에 불과한 내 블로그와 책 판매 숫자 간의 기현상에 대해 온라인 마케터 강상현 님은 이렇게 분석합니다. 내 특강을 다녀간 그는 자신의 블로그 '꿈꾸는 마케터'에 이런 후기를 올렸습니다.

"특강 인원이 120명이라 스케줄 봐 가며 참석해야지 하고 느긋하게 생각하고 있었는데 하루 만에 120명이 마감되었다. 평소 이 분 블로그에 하루 100명이 채 안 들어오기에 신청자가 별로 없을 것이라 생각했는데 오판이었다. 이 분 블로그 방문자는 모두 실제 구독자이며 매일 찾아오는 진성 이웃이면서 유효 방문자였던 것이다. 몇 천 명, 몇 만 명 방문자 허수로 가득한 블로그와 차이 아니 차원이 달랐다."

강상현 마케터처럼 마케팅 전문가들은 이런 말을 자주 합니다.

"당신의 열성적인 소셜미디어 팬들은 당신의 고객이 아닐 수 있다."

소셜미디어에서 당신과 당신이 파는 제품, 서비스를 좋아하는 척만 할 뿐 실제로 사는 고객은 많지 않다는 것입니다. 블로그로 콘텐츠사업을 시작하라고 권하면 85퍼센트쯤 이런 답이 돌아옵니다.

"내 소셜채널에는 팔로워가 별로 많지 않아요."

"나는 인플루언서가 아닌데요."

그러면 나는 팔로워가 3천 명뿐인 내 블로그를 보여주며 이렇게 말합니다.

"팔로워 숫자는 전혀 중요하지 않습니다. 핵심은 골수팬이 얼마나 되는가입니다."

콘텐츠사업을 시작하는 데는 팔로워 수십만 명이 아니라 골수팬 수십 명이면 충분합니다. 당신의 콘텐츠에 반하여 콘텐츠를 사고 스스로 전도사가 되어 콘텐츠를 홍보하고 팔아주는, 팬심을 장착한 골수팬

1명이 '좋아요' 하나만 건네는 수만 명의 팔로워보다 훨씬 값집니다.

1명만 사로잡으면 저절로 확장하는 골수팬 클럽

유튜브, 블로그, 인스타그램, 페이스북 중 당신은 어떤 소셜채널을 운영합니까? 팔로워가 몇 명이나 되는지 궁금합니다. 하지만 당신을 팔로우한다 하여 꼭 충성팬인 것은 아니라는 케빈 켈러의 조언을 참작한다면 지금 팔로워가 몇 명이든 그 숫자는 무시하는 게 좋습니다. 당신을 단지 지지하고 응원하는 고객보다 당신 콘텐츠의 가치를 알아보고 구매하는 고객이 훨씬 중요하다고 강조한 리 진의 조언을 감안하면 아직 유용한 콘텐츠로 고객을 매료하기 전인 지금은 그 숫자를 외면해도 좋습니다.

　몇 명 안 되는 팔로워로 콘텐츠사업이 가능할까? 아직도 이런 의심이 든다면 260만 명의 팔로워를 확보하고도 자체 제작 티셔츠를 사줄 팬은 36명밖에 안 되던 아리아나 르네의 사례를 떠올려 보세요. 아니, 허구한 날 유튜브에 매달려 사는데도 수익을 올리지 못해 전전긍긍하다 결국 유튜브를 접는 이들을 떠올려 보세요. 그리고 팔로워가 3천 명 남짓인데도 콘텐츠사업으로 먹고살며 전문가로 활약하는 저, 송숙희 코치를 기억하세요.

　이제 당신의 콘텐츠를 소비하고 나아가 골수팬이 될 고객 찾기부터 시작합시다. 골수팬 100명도 처음에는 딱 1명에서 시작됩니다. 그 단 1명의 고객은 누굴까요? 당신이 요리사라면 다음 중 누구를 위한 식탁을 차릴 때 가장 맛있는 요리를 만들게 될까요?

사회복지관 어르신들

15번째 생일을 맞은 아들

300명이 근무하는 회사의 구내식당

생각할 것도 없이 15세 생일을 맞은 아들의 식탁을 차릴 때 가장 맛있는 요리를 할 수 있을 겁니다. 아들의 취향과 식성을 누구보다 잘 알기 때문입니다. 100명의 골수팬을 확보할 때도 마찬가지입니다. 아들의 생일상 차리듯, 내 콘텐츠를 좋아할 만한 딱 한 사람을 정해 놓고 그 사람에게 유용한 콘텐츠를 만들면 됩니다. 누구에게나 말할 수 있다면 결국 누구에게도 말할 수 없다는 말이 있습니다. 처음부터 100명을 목표할 것이 아니라 딱 1명, 내 콘텐츠를 선물하고 싶은 그 사람이 좋아할 만한 콘텐츠를 만들면 '나를 위한 콘텐츠네?' 하고 생각하는 고객이 1명 1명 늘어납니다. 100명의 골수팬 모으기는 의외로 빠르게 진행됩니다.

독이 되는 정크콘텐츠, 돈이 되는 캐시콘텐츠

글쓰기 수업에서 만난 공인중개사 강 사장님은 지방 대도시에서 공인중개사로 일합니다. 하루 1편 콘텐츠를 블로그에 올려 사업에 큰 도움을 받는다고 자랑합니다. 부동산 거래는 특정 지역에 국한되는 것이라 검색에 연연할 필요가 없어 보입니다. 그러니 콘텐츠사업과도 관련

없을 것 같지만 소비자로서 우리의 행동을 짚어 보면 이야기는 달라집니다. 무엇이든 검색부터 하고 보는 요즘 사람들이라 특정 지역의 부동산 거래를 할 때도 예외는 없습니다. 그 지역에 어떤 공인중개사 사무실이 있는지, 어느 곳을 찾아가는 게 좋을지 검색한 후에 행동합니다. 만일 어느 공인중개사가 블로그에 콘텐츠를 지속적으로 공급하고 있다면 고객은 그곳을 먼저 살필 겁니다. 공인중개사가 올린 콘텐츠를 읽고 신뢰가 생긴 상태에서 찾아온 고객이라면 비즈니스도 한결 수월하게 풀릴 테지요. 검색 사이트에 전화번호만 뜨는 공인중개사와 블로그에 유용한 내용의 콘텐츠를 계속 올리는 공인중개사, 당신이라면 어느 곳을 찾아갈 건가요? 지금은 업종 불문, 콘텐츠가 밥 먹여 주는 시대입니다.

콘텐츠가 밥 먹여 주는 시대! 돈을 벌 수 있는 콘텐츠는 고객이 찾는 유용한 콘텐츠입니다. 아는 사람들끼리 모여 일상을 공유하기도 하고 회사와 사업을 판촉하고 홍보하고 일기처럼 속내를 털어놓기도 하는 소셜채널의 일반적이고 일상적인 콘텐츠는 딱 그런 용도로만 의미 있습니다. 콘텐츠사업을 하기에는 적합하지 않습니다. 콘텐츠사업은 콘텐츠를 팔아 돈을 법니다. 고객이 반하여 팬이 되고 자발적으로 구매하게 만드는 콘텐츠는 상품으로써 가치가 있어야 합니다. 돈을 내고 살 만하게 만들어야 합니다. 나는 콘텐츠사업에 적합한 콘텐츠를 캐시콘텐츠라 하고 이런 의도에 적합하지 않은 콘텐츠는 정크콘텐츠라 부릅니다.

당신의 콘텐츠는 비타민인가 진통제인가

상품가치가 없는 콘텐츠는 '정크Junk', 즉 그다지 유용하지 않은 콘텐츠로 평가되어 콘텐츠 생산자에 대한 신뢰를 떨어뜨립니다. 정크콘텐츠로 채워진 소셜채널은 어쩌다 고객 눈에 띄어도 단 5초도 머무르지 않고 빠져나가게 합니다. 설령 고객이 찾아온다 해도 그가 투자하는 것은 기껏해야 '좋아요'뿐입니다. 정크콘텐츠가 위험한 이유는 인터넷에는 삭제키가 없어 한 번 게시한 이상 어떤 식으로든 흔적이 남아 두고두고 벌점으로 작용한다는 점 때문입니다. 두고두고 독이 될 뿐입니다.

반면 상품가치가 충분한 콘텐츠는 캐시, 돈을 벌어줍니다. 고객이 알고 싶어 하는 유용한 내용이기 때문입니다. 정크콘텐츠는 예비 고객으로 하여금 보이콧(Boycott, 구매 거부)을 유발하지만 캐시콘텐츠는 바이콧(Buycott, 자동 구매)을 부릅니다.

정크콘텐츠	캐시콘텐츠
독이 되는 콘텐츠	돈이 되는 콘텐츠
채우기용	판매용
짜깁기 C&P	오리지널
일상적인 신변잡기 일반적인 생활 정보	고객에게 유용한 내용 문제 해결 노하우
고객의 '좋아요' 투자	고객이 ATM(관심, 시간, 돈) 투자
BOYCOTT 구매 거부	BUYCOTT 자동 구매
콘텐츠사업에 부적합	콘텐츠사업용

IT창업이 활발한 미국 실리콘밸리에서는 벤처 투자가에게 투자를 받

으려면 사업 내용이 비타민이 아니라 진통제여야 한다고 조언합니다. 비타민형은 고객의 문제 상황을 해결하는 데 썩 도움이 되지 않는 것, 진통제형은 고객의 문제 상황을 콕 집어 해결해주는 것을 말하는데 캐시콘텐츠는 진통제형이라 할 수 있습니다.

고객이 돈을 쓰는 캐시콘텐츠 만들기

맛집으로 소문나려면 사진 잘 받는 인테리어에 우호적인 분위기, 음식을 서빙 하는 아이디어며 가격까지 여러 요소가 작용합니다. 하지만 무엇보다 맛집으로 인정받으려면 음식이 맛있어야 합니다. 콘텐츠사업에서 '맛'은 콘텐츠가 좌우합니다.

'좋아요'가 쏟아지게 하고 '구독자 수'를 확장하는 콘텐츠를 만들기는 의외로 쉽습니다. 누구나 흥미 있어 하는 내용을 올리면 됩니다. 연예인 이야기, 신변잡기, 맛집 정보, '있어 보이는' 여행지나 핫플, 영화나 책 소개글, 전문가라는 사람들이 제공한 재테크나 육아 정보를 여기저기서 퍼 나르면 순식간에 조회 수가 오르고 구독자가 많아집니다. 하지만 이런 식으로 블로그를 채우면 콘텐츠사업의 근간인 충성도 높은 골수팬을 만드는 데는 실패합니다. 돈을 내고 살 만한 콘텐츠가 없으니까 말입니다.

골수팬 1천 명이면 아니 100명이면 콘텐츠만으로도 얼마든지 먹고살 수 있다고 한 케빈 켈러와 리 진의 이론을 떠올려 보세요. 고객이 돈을 내고 살 만한 콘텐츠, 캐시콘텐츠를 만들면 콘텐츠사업은 누구든 얼마든지 가능한 일입니다.

잠자는 동안에도 '입금'되는 캐시콘텐츠의 비밀

알고 싶다, 가고 싶다, 하고 싶다……. 이런 '해결하고 싶은 문제'를 가진 사람과 그러한 '문제에 대한 해법'을 가진 사람을 연결하기, 이것이 구글이 하는 일입니다. 구글에서 서비스하는 유튜브도 같은 맥락의 일을 합니다. 구글은 이 일을 하면서 '사람들이 돈을 내면서까지 얻고 싶어 하는 내용'이 무엇인가를 조사했고 이런 결론에 도달합니다.

"건강, 재정, 안전 그리고 궁극적으로 행복에 영향을 미치는 주제를 다룬 내용"

구글은 먹고사는 데 직결된 주제를 다룬 콘텐츠를 책임감 있게 감별하여 노출하기로 정책을 정합니다. 이런 주제는 사람들의 삶에 직접적이고 큰 영향을 미치기 때문에 불량한 내용일 경우 이용자의 삶에 엄청나게 부정적인 영향을 미칠 것이라고 판단한 덕분입니다. 구글은 사람들이 많이 찾는 콘텐츠가 유해하지 않은지를 감별하기 위해 콘텐츠를 'E-A-T 기준' 즉 전문적인 내용인가(Expertise, 전문성), 권위 있는 내용인가(Authority, 권위), 신뢰할 만한 내용인가(Trust, 신뢰성) 등 3가지 기준에 따라 엄격하게 살핍니다. 그리고 이 기준은 검색 순위를 결정합니다.

구글의 유해 콘텐츠 감별 기준 E-A-T

구글이 보증하고 네이버가 보장하는 캐시콘텐츠

돈이 되는 콘텐츠, 캐시콘텐츠는 구글의 E-A-T 기준에 부합하는 안전하고 유용한 콘텐츠입니다. 당신의 예비 고객이 이런 콘텐츠를 찾을 때 구글과 네이버가 당신의 콘텐츠를 우선 노출해줍니다. 캐시콘텐츠는 구글의 콘텐츠 기준처럼 다음 4가지 기준을 충족하는 유전자를 지니고 있습니다.

돈이 되는 콘텐츠, 캐시콘텐츠

① Cashable 고객의 ATM(관심, 시간, 돈)을 투자받는

캐시콘텐츠는 고객의 관심, 시간, 돈을 투자받습니다. 캐시콘텐츠는 고객이 돈을 내고도 아깝지 않을 만큼 정제된 양질의 콘텐츠입니다. 캐시콘텐츠는 고객이 당신에게 반하게 만들고 골수팬을 만듭니다.

② Audience 고객이 원하고 좋아하는

캐시콘텐츠의 주인은 고객입니다. 고객이 좋아하고 고객이 원하고 고객이 필요로 하는 콘텐츠가 캐시콘텐츠입니다.

③ Strength 내가 남다르게 잘하는

내가 남다르게 잘하는 주제여야 캐시콘텐츠를 만들 수 있습니다. 능숙하게 잘하는 분야의 콘텐츠만이 구글이 좋아하는 E-A-T 기준에 부합하는 수준 높은 콘텐츠를 지속적으로 일관되게 만들 수 있습니다.

④ Hooky 고객의 문제를 해결하는

인터넷 검색만 하면 필요한 정보를 어렵지 않게 열람하는 시대, 그럼에도 불구하고 돈을 내고 얻는 콘텐츠는 따로 있습니다. 고객의 문제, 고민, 어려움을 해결하는 내용입니다. 고객은 다른 곳에서 얻지 못할 해결책을 만나면 지갑을 엽니다. 돈이 되는 C.A.S.H 유전자를 지닌 캐시콘텐츠는 당신이 잠자는 동안에도 돈을 벌어줍니다.

나 홀로, 무비용으로 온라인 사업장 만들기
—

콘텐츠사업을 오래 잘하려면 무난한 플랫폼에 자리를 잡아야 합니다. 넘어지지 않고 자전거를 타려면 페달을 계속 밟아야 하듯 콘텐츠사업 역시 지속적인 콘텐츠 공급이 관건입니다. 콘텐츠를 적어도 매일 1편씩 지속적으로 일관되게 제공해야 고객이 매일 찾아오고 오래 머물며 팬이 됩니다. 콘텐츠 생산에 들이는 비용, 시간, 에너지가 만만치 않다면 오래 하기 어렵습니다. 플랫폼은 운영과 관리가 편하고 무난해야 합니다. 이런 이유로 콘텐츠사업 플랫폼은 온라인 접점, 소셜채널이 좋습니다. 홈페이지는 전문가의 힘을 빌려야 하니 비용이 들고 바로바로 손보기 어려우며 콘텐츠 검색도 잘 되지 않습니다. 공짜로 무한히 열린 소셜채널을 활용하면 비용도 수고도 훨씬 절감됩니다.

콘텐츠사업 플랫폼 역할과 기능을 수행할 소셜채널은 매일 콘텐츠를 생산, 게시하기가 수월해야 하고 고객이 선호하는 방식이어야 하며 고객과 소통하는 데도 불편함이 없어야 합니다. 또한 예비 고객에게 발견되기 쉽게 검색엔진에 잘 노출되어야 하고 찾아온 고객에게 해당 분야 전문가로 인식되게끔 다양한 콘텐츠를 올려야 합니다. 무엇보다 운영하고 관리하는 데 비용과 시간, 에너지가 많이 들지 않아야 합니다. 이런 조건을 모두 충족하는 소셜채널은 블로그가 유일합니다. 블로그는 콘텐츠를 생산하고 콘텐츠로 고객과 소통하기에 수월하고 유튜브, 인스타그램, 페이스북 등 유력한 소셜채널로 콘텐츠를 확장하기에도 간편하여 콘텐츠사업 플랫폼으로는 최적입니다.

콘텐츠사업, 무엇부터 시작하면 되나요?

2002년 출판 콘텐츠 프로듀서로 독립하여 혼자 일하기 시작하던 무렵,

나는 사무실을 내지 않았습니다. 재택근무로 충분했기 때문입니다. 사무실도 없이 인맥에 의존하여 시작한 일은 제 궤도에 오르지 못하고 버둥댔습니다. 콘텐츠사업자로 자리를 잡게 된 것은 네이버 블로그와 인터넷 카페를 운영하며 예비 고객과의 사이에 접점이 생기면서부터입니다. 나는 매일 1편씩 '돈이 되는 글쓰기'라는 주제로 글을 써 올렸고 예비 고객은 1명 1명 매일 찾아와 읽었습니다.

그런 시간이 쌓이자 예비 고객은 고객이 되었습니다. 책을 내면 책을 사고 워크숍을 기획하면 참여했습니다. 대기업 직원 교육 담당자인 팬은 직원 연수 교육을 요청했고 국립대학 교직원이던 팬은 강의를 부탁했습니다. 공기업 마케팅 책임자이던 팬은 나를 마케팅 부문 자문 위원으로 위촉했고 출판사 편집자인 팬은 책 좀 써달라며 주문했습니다. 직장인으로 글쓰기를 어려워하던 팬은 개별지도를 원했습니다. 이렇게 내 콘텐츠사업은 내 콘텐츠에 반한 골수팬이 앞에서 끌고 뒤에서 밀며 자동으로 굴러갔습니다. 내가 한 일이라곤 블로그에 매일 콘텐츠를 올린 것뿐입니다.

콘텐츠를 전달하는 소셜채널로써 블로그는 장단점이 분명하여 호불호가 나뉘지만 콘텐츠사업을 지원하고 응원하고 후원하는 플랫폼으로써 블로그는 최고의, 아니 유일한 소셜채널입니다. 유튜브, 인스타그램, 팟캐스트, 페이스북을 통해 이미 활발히 콘텐츠를 만들어 유통하고 있더라도 콘텐츠사업의 기반이 되는 플랫폼은 반드시 필요합니다. 인플루언서이면서 콘텐츠사업자로 잘나가는 사람들은 블로그 기반 소셜채널 전략을 고수합니다.

많은 사람들이 콘텐츠사업, 무엇부터 시작하면 되는지 묻습니다. 블로그를 콘텐츠사업 플랫폼으로 삼아 편하고 만만하게 손색없이 콘텐츠사업을 경험한 나는 이 질문에 망설임 없이 답합니다.

"블로그부터 하세요."

유튜브보다 블로그가 좋은 진짜 이유
—

워크맨, 와썹맨, 박막례, 백종원, 김미경, 도티. 이 이름의 공통점은 무엇일까요? 유튜브로 큰돈을 번 크리에이터이거나 그들이 만든 채널 이름입니다. 또한 혼자가 아니라 전문 제작진을 따로 두어 콘텐츠를 만들고 채널을 운영한다는 공통점이 있습니다. 상당한 비용을 들여 채널을 운영한다는 말입니다. 이렇듯 돈을 많이 버는 영상콘텐츠를 만들려면 전문 인력이 투입되어야 하고 그러려면 조직과 자본이 필요합니다. 개인으로는 언감생심이지요. 유튜브는 지금 가장 인기 있는 영상콘텐츠 채널이지만 콘텐츠사업 플랫폼으로 권하지 않는 것은 플랫폼이 갖춰야 할 조건을 충족시키지 못하고 콘텐츠 제작을 혼자 잘하기 어렵다는 점 때문입니다.

1인 콘텐츠사업의 적정기술

적정기술이란 말을 들어 보았을 겁니다. '고액 투자가 필요하지 않고 에너지 사용이 적으며 누구나 쉽게 배워 쓸 수 있는, 재료를 구하기 쉬워

소규모 사람들이 모여 생산 가능한 기술'이 바로 적정기술입니다. 아주 적게 투자하여 필요한 모든 것을 얻는 가성비 높은 기술입니다. 이런 의미에서라면 블로그야말로 콘텐츠사업에 필요한 적정기술이자 적정 플랫폼입니다. 전문가의 손을 빌리지 않고 시간과 에너지를 가장 적게 들여 콘텐츠를 지속적으로 생산할 수 있으며 고객과 개인화된 소통이 가능하여 콘텐츠사업에 더없이 요긴합니다. 콘텐츠사업 플랫폼으로 블로그를 추천하는 이유를 헤아려 봅니다.

① 콘텐츠 생산이 쉽다

클럽하우스라는 음성 애플리케이션이 떴지요. 클럽하우스의 인기는 이용이 편하다는 데 기인합니다. 화상 대화가 주는 피로감이 없고 콘텐츠를 편집하지 않아도 되며 그저 듣기만 해도 되기 때문에 클럽하우스를 찾습니다.

"글로 생각을 기록할 수 있는 블로그가 더 편해졌다. 영상은 촬영하고 편집하는 데 시간이 오래 걸리고 얼굴과 목소리 등 개인 신상이 쉽게 드러난다."

멀티미디어 채널을 떠돌던 사람들이 블로그로 복귀하는 이유도 편해서입니다. 유튜브 영상콘텐츠를 만드는 데는 시간과 노력이 너무 많이 듭니다. 1인 콘텐츠사업자에게 이런 수고와 비용은 '넘사벽'입니다.

② 고객에게 쉽게 발견된다

블로그 콘텐츠는 검색이 잘됩니다. 우리나라에서 가장 선호하는 검색 플랫폼인 네이버가 무료로 서비스하는 블로그에 콘텐츠 플랫폼을 설치하면 고객이 찾을 때마다 바로 발견됩니다. 무엇을 하든 습관적으로 검색부터 하는 예비 고객의 눈에 당신의 콘텐츠가 쉽게 발견되려면 콘텐츠를 차곡차곡 쟁여 놓아야 하고 그러려면 블로그가 제일입니다.

③ 콘텐츠 열람이 편하다

블로그는 한 페이지에 하나씩 콘텐츠를 생산하여 고객에게 전달합니다. 콘텐츠는 최신 것부터 고객에게 보이고 검색 박스로 필요한 콘텐츠를 찾을 수 있어 고객이 사용하기 쉽습니다.

④ 소스 콘텐츠 개발이 쉽다

텍스트로 만든 콘텐츠는 그림, 영상, 오디오 등 멀티미디어 콘텐츠의 씨앗입니다. 한 편의 블로그 포스트는 유튜브 영상 대본으로 활용하기 좋습니다.

⑤ 고객과 스킨십이 잘된다

여느 소셜채널이 부러워하는 블로그 기능 중 하나가 비밀 댓글입니다. 운영자와 이용자가 개별적으로 대화를 나누며 교류하기 좋습니다.

⑥ 빠르게 훑어볼 수 있다

한 편의 영상콘텐츠에서 필요한 부분만 골라내려면 꽤 많은 수고가 필요합니다. 원하는 정보만 빠르게 얻고 싶어 하는 성미 급한 요즘 사람들에게는 블로그가 좋습니다. 텍스트 콘텐츠는 훑어보기가 가능하여 고객이 원하는 정보를 빠르게 찾을 수 있습니다.

⑦ 가성비가 탁월하다

블로그를 활용하면 쉽고 빠르고 근사하게 퍼스널 플랫폼을 만들 수 있고 운용과 관리가 더없이 간편합니다. 편집 툴도 자주 업데이트되어 전문성이 돋보이는 콘텐츠는 물론 멀티미디어 콘텐츠도 뚝딱 만들 수 있습니다. 콘텐츠사업 플랫폼으로 활용할 만한 소셜채널은 많지만 비용과 운영의 가성비 면에서 블로그보다 탁월한 채널은 없습니다.

설치형? 가입형? 어떤 블로그?

콘텐츠사업 플랫폼으로 활용 가능한 블로그 서비스는 포털사이트 네이버에서 제공하는 블로그와 카카오 티스토리가 있습니다. 해외 버전으로 설치형인 워드프레스를 사용하는 사람도 있습니다. 각각 장단점이 있습니다. 검색이 잘된다는 장점과 사용, 활용이 쉽다는 점에서 네이버 블로그를 추천합니다.

특히 40대 이상 연령대를 대상으로 한 콘텐츠를 제공하는 경우 네이버 블로그는 더없이 좋습니다. 전문 기관에서 조사한 결과, 40대 이상이 선호하는 소셜채널 1위가 블로그이며 검색엔진으로 네이버를 사용하는 사람의 비율이 75퍼센트나 되기 때문입니다.

일단 이기고 시작하는 3B 전략

—

콘텐츠 작가 조승연 님은 방송에서 자주 볼 수 있고 그가 진행하는 유튜브 채널은 100만 팔로워를 자랑합니다. 영상콘텐츠에 강한 스타일이지요. 사람들이 왜 자신을 많이 찾는지 그 스스로 분석한 이유는 아래와 같습니다.

"책 내용이 궁금해서 같아요. 책을 썼기 때문에 강연에 가면 할 말이 있고 책을 읽고 감동받은 사람들이 실제 목소리를 듣고 싶어 해서 강연 기회가 만들어집니다."

성미 급한 사람들은 꼭 묻습니다. 콘텐츠사업, 어떻게 준비하면 빨리 성공하냐고 말입니다. 그러면 나는 조승연 님의 모델인 '3B' 경로를 제안합니다. '3B' 경로란 콘텐츠사업을 성공으로 이끄는 최단 경로로 콘텐츠사업 플랫폼인 블로그-책-사업 전개의 순차적 추진을 말합니다. ① 블로그를 운영하여 캐시콘텐츠를 생산하고 공유하며 소통하고 판매하는 첫 단계를 시작합니다. ② 캐시콘텐츠를 책으로 출간할 수 있는 출판사의 도움으로 콘텐츠를 고품질로 포장하고 노출하여 영향력을 극대화합니다. ③ 책 출간 후 강의, 교육, 조언 요청 등 사업 기회가 촉발되어 비즈니스가 저절로 이루어지는 마지막 단계를 완성합니다.

블로그에 콘텐츠를 게시하며 시작한 콘텐츠사업에 '책 출간'이라는 모멘텀을 임의로 만들어 콘텐츠사업을 즉시 활성화하고 빠른 시간에 자리 잡게 만드는 전략입니다. 유력한 출판사에서 캐시콘텐츠를 책으로 출간하면 구글이 강조한 유용한 콘텐츠가 갖춘 기준인 '전문성-권위-신뢰성'을 충족합니다. 출판사라는 제3자에 의해 콘텐츠를 검증받고 콘텐츠를 테이크아웃 하기 쉽게 책으로 만들어 고객에게 노출합니다. 책을 출간하면 책에서 다룬 주제로 강연, 강의 요청을 받습니다. 즉, 책 판매로 돈을 벌면서 콘텐츠와 콘텐츠 제공자인 당신을 마케팅하고 강연, 세미나 등 다른 사업 기회를 동시에 얻게 됩니다.

Blog
콘텐츠사업 플랫폼으로 블로그 운영
캐시콘텐츠 생산, 공유, 판매, 고객 소통

Book
캐시콘텐츠로 책 출간
출판사에서 홍보, 마케팅

Business
책 출간 후 강의, 교육, 조언
요청 등 사업 기회 유발

성공하는 콘텐츠사업의 최단 경로 3B

책 출판, 콘텐츠사업으로 전향하는 변곡점

영양제 판매원인 그는 『재밌게 돈 벌며 약 파는 법』이라는 책을 썼습니다. 출판사에 원고를 보냈지만 여러 차례 거절을 당했습니다. 그러던 중 원고의 가능성을 알아본 한 출판사에서 책 제목을 바꾸자고 했습니다. 이렇게 나온 책이 『나는 4시간만 일한다』입니다. 이 책은 곧장 베스트셀러가 되었고 작가 역시 하루아침에 유명해졌습니다. 그가 바로 『타이탄의 도구들』로 유명한 팀 페리스입니다. 이 책으로 성공의 발판을 마련한 그는 대학에서 기업가 정신에 대해 강의하고 벤처 창업자에게 투자합니다. 그리고 하버드대학 석학부터 경영구루, 억만장자와 글로벌 CEO에 이르기까지 유명 인사를 인터뷰하는 팟캐스트 '팀 페리스 쇼'를 운영하는 성공한 콘텐츠사업자가 되었습니다.

활주로를 달려 이륙 준비를 마친 항공기가 이륙하기 위해 조종간을 당기듯 책 출판은 캐시콘텐츠가 콘텐츠사업으로 전향하는 변곡점을 만듭니다. 당신이 브랜드 시장에 연착륙하는 데도 책 출간이 결정적인 기여를 합니다. 책 출간은 당신의 콘텐츠사업 주제인 캐시콘텐츠를 당신의 것이라고 공공연하게 못 박는 효과도 있습니다. 책으로 출간된 콘텐츠는 지식재산권으로 보호되기 때문입니다.

나 역시 '3B' 경로의 수혜자입니다. 겨우 워드파일이나 만질 줄 알던 컴맹에 IT기술이라면 지금도 겁먹고 세일즈를 하느니 굶겠다던 세일즈포비아였음에도 불구하고 콘텐츠사업자로 먹고살 수 있는 비결은 블로그-책-사업 전개 경로를 따랐기 때문입니다. 자유롭게 혼자 일하면서도 직장 다닐 때는 욕심도 내지 못했던 수준의 수입을 올리는 비결이 '3B' 경로에 있습니다. 콘텐츠사업 최단 경로로 제시하는 '3B'는 이런 개인적인 경험과 책 쓰기를 중심으로 콘텐츠사업을 코칭한 경험까지 보태 도출한 것입니다. 책 출간으로 콘텐츠사업에 결정적 계기를 제공하는 노하우는 뒤에서 상세하게 다룹니다.

콘텐츠사업에 성공한 사람들의 공통점

—

2020년 조선일보 재테크 박람회에 초대받아 콘텐츠사업을 제안하는 주제로 강연을 했습니다. 강연 제목은 〈잘하는 일 좋아하는 일로 평생 소득 만드는 법〉. 연사로 선정되고 조선일보와 인터뷰를 했습니다. 그중 한 질문입니다.

"콘텐츠사업에 성공한 이들의 공통점이 무엇인가?"

이런 질문은 하도 많이 들은 터라 바로 대답합니다.

"매일 콘텐츠를 만드는 꾸준함이다."

경제 관련 콘텐츠사업자인 '슈카' 님이 내 대답을 거듭니다.

"연예인, 유명인이 아닌 일반인이 유튜브에서 구독자를 모으려면 사람들에게 구독 의지를 불러일으켜야 한다. 그중 가장 중요한 것이 이 채널은 꾸준히 뭔가 올라오는 채널이라는 인상을 주는 것이다. 이미 콘텐츠가 많이 쌓여 있으면 앞으로도 꾸준히 볼 게 있다고 기대하며 구독한다."

하루 1편씩 캐시콘텐츠를 블로그에 포스팅한다

"하루 1편씩 캐시콘텐츠를 블로그에 포스팅한다."

SNS 채널 하나로 콘텐츠사업에 성공한 사람들이 앞세우는 단 한 가지 성공 비결이 이 한마디에 고스란히 담겨 있습니다. 블로그에 내 고객과 주파수가 맞는 캐시콘텐츠를 올리면 콘텐츠에 관심이 있는 사람들이 찾아옵니다. 지속적으로, 매일 일정하게 콘텐츠를 새로 올리면 콘텐츠 이용자도 매일 찾아옵니다. 그런 시간이 길어지면 콘텐츠 이용자는 어느새 팔로워가 되고 팬이 되고 골수팬이 됩니다.

매일 1편의 콘텐츠를 포스팅하는 일은 결코 쉽지 않지만 그럼에도 이 일은 콘텐츠사업자라면 고수해야 할 단 하나의 매일 업무입니다. 매일 콘텐츠를 만들어 공유하기 때문에 창업비용 한 푼 없이 콘텐츠사업을 할 수 있고 광고 마케팅에 1원도 쓰지 않으며 따로 원고를 쓰지 않아도 책을 내고 매일 찾아오는 고객과 소통할 수 있습니다. 콘텐츠사업에 성 공하고 싶다면 당신도 그들처럼 하세요. 하루 1편씩 캐시콘텐츠를 블로 그에 포스팅하세요.

1일 1콘텐츠, 언제까지 해야 할까?

재테크 고수는 이구동성으로 부자가 되기 위해서는 종잣돈부터 모으 라 합니다. 1억 원 모으기를 우선 목표하라 권합니다. 콘텐츠사업으로 부자가 되려면 종잣돈이 얼마나 필요할까요? 콘텐츠사업은 블로그에 콘텐츠를 생산하여 축적해야만 가능하니 콘텐츠가 종잣돈인 셈입니다. 그렇다면 콘텐츠를 얼마나 많이 만들어야 종잣돈 역할을 할까요? 유튜 버 '대도서관' 님의 말에서 힌트를 얻습니다.

"1년 이내에 성공하는 1인 미디어는 없다. 특정 콘텐츠를 일주일에 2~3회씩 1~2년간 꾸준히 업로드 하면 반드시 성공한다."

우리나라에서는 자영업을 창업하면 여러 기준에 따라 3~5년 동안 50~100퍼센트 세금을 감면해줍니다. 일반적으로 신생 사업이 수익을 내는 기간을 최소 3년으로 보기 때문에 이런 기준을 적용하면 콘텐츠 사업으로 돈을 벌기 위해서도 3년가량을 활주로 닦는 데 투자하면 될 것입니다. 하지만 내가 콘텐츠사업을 하면서 콘텐츠사업을 코칭해 보니 실제로 그 기간은 1년 정도면 충분합니다. 1년 동안 매일 1편씩 캐시콘텐츠를 포스팅하면 주5회, 연간 250여 편의 콘텐츠가 축적됩니다. 자신의 경험에서 시작하여 고객이 필요한 캐시콘텐츠를 200여 편 만들면 캐시콘텐츠 생산기술이 숙달되고 경험을 지식콘텐츠로 조직하고 전달하기에 능통해집니다. 그러니 1년 동안 200여 편의 캐시콘텐츠를 만들면 그 가운데 의미 있는 것을 발췌하여 책을 내는 일도 어렵지 않습니다. 1년 동안 200여 편의 캐시콘텐츠를 축적한 블로그 플랫폼이라면 찾아오는 고객이 감탄하면서 클릭합니다. 고객과 글로 스킨십하는 것이 점점 익숙해지면서 골수팬도 1명 1명 자연스럽게 발생합니다.

미국의 투자자이자 기업 발굴가인 팀 페리스는 세계적인 리더의 성공 요인을 분석한 저서 『타이탄의 도구들』에서 성공 비결의 핵심을 '매일 실천하는 자기만의 습관'이라고 주장합니다. 그들이 실천하는 습관은 하나같이 내 인생을 주도적으로 살고 있다는 느낌을 주고 아이디어를 폭발적으로 성장시키는 데 초점이 맞춰져 있다고 강조하지요. 하루 1편씩 캐시콘텐츠 만들기, 이 습관이야말로 인생을 주도적으로 살게 합니다.

추월차선에서 전용차선으로, 플라이휠을 돌려라

—

'무엇이 위대한 기업을 그렇게 만드는가'에 대한 연구를 25년간 한 경영 컨설턴트 짐 콜린스가 알아낸 위대한 기업의 비결은 이것입니다.

"크게 승리하는 자는 맨 처음 플라이휠을 아주 조금 움직인다. 계속 밀어내는 끈질긴 노력 끝에 마침내 한 바퀴를 돌린다. 여전히 낑낑대며 두 바퀴, 네 바퀴……. 돌리다 보면 플라이휠에 탄력이 붙는다. 계속 돌린다. 점점 회전속도가 빨라진다."

그가 말하는 플라이휠이란 사업 성과를 야기하는 선순환 고리입니다. 그가 찾아낸 위대한 기업가는 하나의 플라이휠을 10억 바퀴까지 계속 돌리는 사람입니다. 콜린스가 성공을 바라는 사람들에게 주문하는 내용은 콘텐츠사업에 임하는 우리도 새겨들어야 합니다.

"쉼 없이 억척스럽게 추진력을 쌓으라. 플라이휠을 줄기차게 돌려라. 집요하게 개량하면서 말이다."

나는 이 책을 읽는 당신과 만나는 사람에게 항상 이런 제안을 합니다.

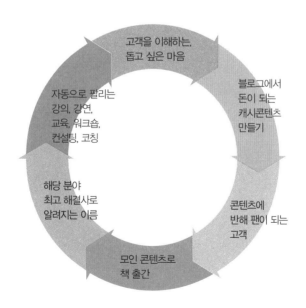

성공을 부르는 콘텐츠사업 플라이휠

"당신이 좋아하고 잘하는 일로 한 경험을 조언으로 만들어 블로그에 올리세요. 일단 이것만으로도 콘텐츠사업의 선순환 고리가 시작됩니다."

앞의 그림은 콘텐츠사업자로 성공하는 데 필요한 선순환 고리, 플라이휠입니다. 나는 콘텐츠사업자로서 경험한 것과 많은 성공한 콘텐츠사업자를 커닝하여 이 플라이휠을 만들었습니다. 수십 번 시도하여 만든 플라이휠은 이런 메시지를 전합니다.

캐시콘텐츠를 매일 1편씩 포스팅하면 타깃 고객이 찾아오고 콘텐츠로 고객과 소통하면서 마음을 얻습니다. 모인 콘텐츠로 책을 내면 해당 분야에서 최고 해결사로 이름이 알려져 강연, 워크숍 등 콘텐츠 상품이 자동으로 팔리고 이 과정에서 고객을 더 잘 이해하여 다시 캐시콘텐츠를 만들고……

500가지 노력을 하는 것보다 제대로 된 한 가지를 500번 계속할 때 성공하는 법이지요. 하루 1편씩 캐시콘텐츠를 포스팅하세요. 매일 포스팅하세요. 당신의 플라이휠을 끊임없이 돌리세요.

콘텐츠사업 개업식에 초대합니다

콘텐츠사업은 개업도 간단합니다. 콘텐츠사업 취지에 맞게 블로그를 열고 첫 포스팅을 하면 그것으로 개업입니다. 이제 콘텐츠를 생산하고 고객을 만나 소통하고 콘텐츠 판매까지 콘텐츠사업에 필요한 모든 것이 블로그에서 이루어집니다. 단순한 생활 정보를 올리며 소통하는 소셜채

널이 아니라 콘텐츠사업 플랫폼 역할을 수행할 블로그를 개설하는 데 필요한 몇 가지를 알려드리겠습니다. 이미 블로그에 콘텐츠를 포스팅했더라도 콘텐츠사업에 유용하도록 블로그를 다시 정비합니다.

블로그 간판 달기

블로그에 콘텐츠사업 간판을 답니다. 예비 고객이 '이곳이라면 내 문제를 해결해줄 것 같아!'라고 믿게 할 만한 간판을 달아야 합니다. 뻔한 이름은 주의를 끌 수 없고 무엇을 하는 곳인지 알 수 없으면 고객이 머물지 않으니 주의해야 합니다. 혼자만 아는 단어, 전문적인 단어도 쓰지 마세요. 직관적인데 익숙한 요즘 사람들은 '무슨 뜻이지?' 하고 생각하기보다 그냥 지나칩니다. 유명한 사람을 흉내 내거나 널리 알려진 것도 따라 하지 않습니다. 어설프게 흉내 냈다가 원래 주인을 떠올리게 하면 그 사람만 도와주는 셈입니다.

블로그 간판 만들기 조건과 피할 조건을 감안하면 당신의 이름에 콘텐츠 키워드를 연결하는 조합이 가장 이상적입니다. '법륜스님의 즉문즉설', '백종원 요리비책', 내 블로그 타이틀인 '송숙희의 돈이 되는 글쓰기'도 이 조합을 따릅니다. '빠숑의 세상답사기'처럼 닉네임과 키워드를 조합해도 좋습니다. 닉네임을 블로그 간판에 활용하는 것은 실명보다 닉네임이 더 유명할 경우에만 가능합니다.

매력적인 첫인상 만들기

첫인상은 블로그 플랫폼에서도 아주 중요합니다. 처음 찾아온 방문객에게 '그래 이곳이야!' 하는 마음이 들도록 블로그 첫 화면에 공을 들입니다. 구글이 강조하는 콘텐츠 기준 '전문성−권위−신뢰성'이 드러나게 첫 화면을 구성하세요. 블로그 간판이 단번에 눈에 들어와야 합니다. 운영자 소개가 눈에 잘 띄는 곳에 있어야 하고 연락처도 잘 보이는 곳에 노출합니다. 블로그 메뉴는 3~5가지로 단순하게 조직해야 콘텐츠가 산만해지지 않습니다.

운영자 소개 페이지 만들기

블로그를 포함해서 모든 SNS 채널, 웹사이트, 애플리케이션 할 것 없이 가장 많이 열어보는 것이 운영자 소개 페이지입니다. 고객이 알고 싶어 하는 것을 중심으로 고객이 이해하기 쉽게 정리하여 소개 페이지를 만듭니다. 이 이야기는 뒤에서 다시 상세하게 소개합니다.

메뉴 만들기

블로그 카테고리에 핵심 키워드가 노출되도록 분류하면 전문성이 강조됩니다. 시작 단계에서 대략적으로 카테고리를 분류하여 운영하다가 콘텐츠가 쌓이고 세부적으로 분류할 필요가 생기면 그때 조정해도 늦지 않습니다.

개인 도메인 확보하기

개인 도메인을 확보하여 블로그에 연동하면 '전문성−권위−신뢰성'이 훨씬 돋보입니다. 명함, 이메일 서명 등에 개인 도메인을 노출하여 콘텐츠사업자로서 프로다운 면모를 어필합니다. 흔히 사용하는 영문 도메인이 있고 한글로도 도메인을 만들 수 있습니다. 나는 한글 도메인을 적극 추천합니다. 도메인을 보자마자 첫눈에 무엇을 하는 곳인가를 알 수 있기 때문이며 키워드를 반복적으로 노출하여 모르는 사이 이루어지는 홍보 효과도 쏠쏠합니다. 개인 도메인은 후이즈, 가비아 등을 통해 구매하여 등록합니다.

내 명함에 온라인 사업장인 블로그 주소를 그대로 표현하면 이렇습니다.

https://blog.naver.com/scarf94

나는 한글 도메인을 확보하여 이 주소와 연동하였습니다. 내 명함에 온라인 사업장은 이렇게 표기됩니다.

www.돈이되는콘텐츠.com

이제까지 소셜채널로만 블로그를 이용했다면 콘텐츠사업 플랫폼의 기능과 역할을 수행하는 블로그를 만들고 관리하는 것이 버거울 수 있습니다. 그러나 블로그는 개설도 쉽고 개선도 쉽습니다. 이 점에 기대 일단 블로그를 개설한 후 콘텐츠를 게시하고 고객과의 소통 경험을 쌓은 다음 하나하나 개선하세요. 만반의 준비를 하느라 허공에 시간과 에너지를 쏟는 것보다 이쪽이 훨씬 사업에 유용합니다.

FASTLANE

2 | 경험을
평생 소득으로 만드는
콘텐츠 디벨로퍼 10단계

CONTENTS

우리는 모두 어느 한 가지에는 전문가다.

세스 고딘

콘텐츠사업, 나도 할 수 있을까?

—

'재테크의 여왕 슈엔슈'라는 이름으로 네이버 블로그를 운영하는 박현욱 님은 주부입니다. 4만 명에 가까운 팔로워에게 투자 정보를 소개하는 그는 재테크 전문가이며 작가이고 강사입니다. 자기만의 콘텐츠를 가진 사람은 회사에 다니든 회사를 만들든 혼자 일하든 이름이 브랜드입니다. 자기 이름으로 잘나가는 사람은 대부분 이렇게 꼬리가 길지요. 이름 뒤에 슬래시(/)가 몇 개나 붙습니다.

　　강형욱 반려견 훈련사/기업인/작가/강사
　　김봉진 기업인/디자이너/과시적 독서가/작가/강사
　　박웅현 광고인/TBWAKOREA(크리에이티브 대표)/작가 경쟁력 있는 자신만의 콘텐츠를 가진 사람을 시장에서 그냥 둘 리 없기 때문입니다. 시장에서는 그의 콘텐츠와 이름값을 활용하여 다각적으로 사업을 벌입니다. 요즘 유행하는 N잡러(여러 직업을 가진 사람)가 교사+댄서+요리사+작가 등 여러 직업에 걸쳐 수익 활동을 다양하게 하는 방식이라면 이름 뒤에 슬래시가 여러 개 붙는 N슬래셔(N+슬래시+er)는 자기만의 콘텐츠를 다양한 방식으로 서비스하여 돈을 버는 방식입니다. 콘텐츠사업자는 모두 N슬래셔입니다. 나도 N슬래셔입니다!

송숙희 콘텐츠 작가/책 쓰기 코치/글쓰기 강사/콘텐츠사업 코치/평생 현역 플래너/기업 커뮤니케이션 컨설턴트

경험 없는 사람은 없다

나는 글쓰기 수업을 청하는 사람들에게 책 쓰기 프로그램을 권합니다. 글쓰기의 문제는 곧 쓸거리의 문제이기 때문입니다. 쓸거리가 있으면 글을 쓰는 일 자체는 문제가 되지 않지만 쓸거리가 없으면 쓰는 것 자체를 할 수 없기 때문에 쓸거리를 개발하는데 더없이 유용한 책 쓰기를 권하는 것입니다. 당신의 콘텐츠에 돈이 되는 C.A.S.H 유전자가 포함되어 있다면 출판사에서 투자하여 책으로 낼 것이고 경쟁력을 검증받은 콘텐츠는 강연, 강의, 워크숍, 세미나, 코칭, 컨설팅 등 다양한 경로로 서비스할 것입니다. 그래서 고객 1인당 연간 100달러쯤 투자 받는 것은 그리 어려운 일이 아닙니다. 요약하자면 출판사에서 투자 받을 콘텐츠를 개발하는 것이 내가 진행하는 책 쓰기 프로그램이고 이렇게 찾

거나 만든 자기만의 콘텐츠로 글쓰기를 연습하면 그 성과가 바로 눈에 보일 정도로 빠르고 탁월합니다. 이것이 글쓰기 수업을 청하는 사람들에게 책 쓰기 프로그램을 권하는 이유입니다.

평생 먹거리 = 콘텐츠거리

내가 책 쓰기를 목표로 하는 글쓰기 수업을 하는 것도, 콘텐츠사업 코칭을 하며 책 쓰기를 먼저 권하는 것도 돈이 될 만한 콘텐츠거리를 찾는 것이 가장 중요하고 급한 일이라 생각하기 때문입니다. 누구나 살아온 시간만큼의 쓰고 말하고 가르칠 거리를 가졌습니다. 직업을 가졌든 아니든, 직위가 높든 아니든, 나이가 많든 아니든 사람들은 자신의 내면에 차곡차곡 나름의 경험을 쌓아 둡니다. 경험의 외피를 벗기면 그만의 콘텐츠거리가 금강석처럼 파묻혀 있는 장면을 수없이 보았습니다. 나는 그들이 콘텐츠거리를 채굴하여 콘텐츠로 바꾸게 도왔습니다.

무심코 해온 생업 속에서 그 사람만의 노하우를 발견하고 퇴근 후 달려가는 부업 현장에서 그만의 재능을 확인했으며 아이를 4명 낳아 키우면서도 자기 계발을 게을리하지 않은 전업주부의 24시간에서 시간 관리 비법을 찾았습니다. 이런 발견의 시간이 쌓일수록 나는 우리 모두 어느 한 가지에는 전문가라고 확신하기에 이르렀습니다. 자기만의 콘텐츠를 확보한 사람들은 콘텐츠사업자로 변신했고 슬래시 꼬리를 하나씩 이어 갔습니다.

이제 나는 단언합니다. 인생을 살아가는 누구나 콘텐츠사업을 할 수 있다고 말입니다. 삶의 경험이 쌓이는 한 콘텐츠사업을 할 수 있다고 말입니다. 당신을 고꾸라지게 한 아픈 경험도 콘텐츠로 바꾸면 돈을 벌 수 있다고 말입니다. 이제 램프 속에 갇힌 지니처럼 당신의 호출만 기다리는 콘텐츠거리를 밖으로 불러낼 때입니다.

경험을 평생 소득으로 만드는 콘텐츠사업 4단계

—

당신의 경험은 그게 무엇이든 돈과 시간을 수업료로 치르며 얻은 것입니다. 그 경험을 캐시콘텐츠로 만들면 고객이 돈과 시간을 들여 삽니다. 경험을 콘텐츠로 만들어 팔기까지의 4단계를 알아봅시다.

1단계 절정경험 발굴

자신이 축적한 다양한 경험 중에서 특히 절정에 다다른 경험을 뽑아냅니다. 경험을 찬찬히 들여다보면 '하고 싶고' '하고 있으며' '하게 되는' 일을 발견할 수 있습니다. 이런 일은 대개 남들로부터 가치를 인정받기 마련인데 심리학 전문가들은 이를 '절정경험'이라 합니다. 분야와 상관없이 절정을 경험할 때 저절로 몰입하고 능력 발휘가 수월하며 성취 또한 빠르고 탁월합니다. 콘텐츠사업에서는 1단계가 가장 중요합니다. 콘텐츠거리만 있으면 사업화하는 것은 문제도 아니니까 말입니다.

2단계 경험의 지식화

절정을 경험한 그 일, 좋아하고 하고 싶고 잘하는 그 일을 왜 어떻게 잘했었는지 다각도로 분석합니다. 그런 다음 비결을 정리하여 지식(기술과 노하우)으로 만듭니다.

3단계 지식의 콘텐츠화

당신의 기술과 노하우는 누구의 어떤 문제를 해결하는 데 기여할까요? 해결책으로써 당신의 기술, 노하우를 제공하는 콘텐츠를 만듭니다. 블로그에 무료로 제공하여 골수팬을 확보합니다.

4단계 콘텐츠의 현금화

콘텐츠를 강연, 출판, 교육, 조언 등의 경로로 팝니다. 경험이 드디어 현금화됩니다.

절정경험 발굴	지식화	콘텐츠화	현금화
깊은 열정을 가진 분야를 발견, 발굴	그 일을 어떻게 잘 해왔는지 지식으로 정리	고객에게 유용한 콘텐츠로 만들어 공유	강연, 출판, 교육, 조언 등의 방법으로 판매

경험을 평생 소득으로 만드는 콘텐츠사업 4단계

콘텐츠 활용, 그릇은 제각각이어도 본질은 하나

100만 명의 팔로워를 보유한 작가/유튜버/방송인/강사/콘텐츠사업자 조승연 님은 자신이 하는 일을 이렇게 설명합니다.

"유튜브 방송을 하든, 종이에 무언가를 쓰든, 사진으로 담아내든 기본적으로 같은 작업이라 생각해요."

그의 말처럼 콘텐츠는 그것을 담아내는 그릇에 따라 다른 모습으로 소비자에게 전달되지만 콘텐츠 자체는 변함이 없습니다. 캐시콘텐츠를 어떤 그릇에 담아내건 가치를 담은 본질은 고스란히 보전됩니다.

3가지 형태의 경험으로 이루어지는 원형콘텐츠

일과 일상의 경험에서 발굴한 절정경험은 콘텐츠거리로 개발되고 콘텐츠거리는 원형콘텐츠로 진화됩니다. 원형콘텐츠는 커피 원두에서 추출한 에스프레소로 다양한 커피 음료를 만들 듯 캐시콘텐츠로 최종 진화하여 다양한 컨테이너에 담겨 고객에게 제공됩니다.

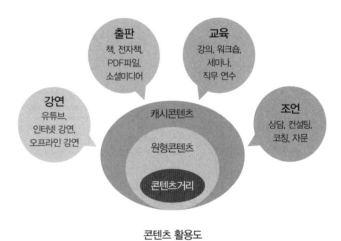

콘텐츠 활용도

일터와 일상에서 크고 작은 수많은 경험을 하지만 원형콘텐츠로 개발되는 경험은 대개 지/덕/체 3가지 모습으로 존재합니다. 일을 하며 마련한 지식, '덕후'라 불릴 정도로 어떤 한 분야에 빠져들어서 얻은 지혜, 반복된 일상에서 체득한 달인급 기술이 주인공이지요. 원형콘텐츠는 이렇게 잘하거나 좋아하거나 능숙한 경험입니다.

지知 생업에서 마련한 지식과 지혜 : 잘하는

덕德 덕후 생활에서 얻은 지혜 : 좋아하는

체體 생활 속에서 체득한 기술 : 능숙한

경험을 돈이 되는 콘텐츠로 만드는 MAP

—

커피 음료의 맛을 에스프레소가 결정하듯, 콘텐츠사업의 성패도 원형 콘텐츠가 좌우합니다. 콘텐츠사업으로 성공하는 원형콘텐츠는 3가지 요소를 갖춰야 합니다.

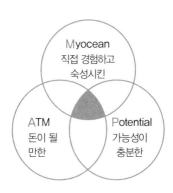

원형콘텐츠의 3요소 MAP

직접 경험하고 숙성시킨 Myocean

지식은 경험을 앞설 수 없습니다. 돈이 되는 노하우나 기술은 직접 경험한 것에서만 나옵니다. 경험하지 않은 것에서 지식이나 지혜, 노하우나 기술을 뽑아낼 수 없고 경험하지 않고서는 그것에 대해 매력적으로 말할 수 없으며 오래 이야기할 수 없습니다. 경험하지 않았으면서 고객을 매혹하는 콘텐츠를 만들기는 불가능하며, 재주가 좋아 그런 콘텐츠를 만들었다 해도 골수팬을 확보하는 데는 실패합니다.

돈이 될 만한 ATM

경험한 그대로를 말로 글로 만들어 소셜채널에 공유한다고 해서 전부 돈이 되는 콘텐츠는 아닙니다. 잘 써도 체험 수기밖에 되지 않습니다. 다른 사람의 경험 그 자체에 돈을 쓰는 사람은 없습니다. 사람들이 돈을 쓰는 건 경험에서 추출한, 어떤 문제를 해결하는 데 효험을 보인 기술이나 노하우입니다.

많은 사람들이 콘텐츠사업을 하겠다며 블로그를 열고 뛰어들었다가 (진입장벽이 없으니 누구나 쉽게 시도합니다) 금세 시들해지는 이유도 돈이 될 만한 콘텐츠가 없었기 때문입니다. 고객이 돈을 치르는 콘텐츠는 어떤 문제를 해결하는 데 효과적인 '해결책'입니다. 여기서 말하는 돈이란 비용money을 치른다는 의미는 물론, 디지털 시대의 화폐로 가치 높은 관심attention과 시간time을 들이며 나의 해결책을 원하는가 하는 것까지 포함하는 의미입니다.

당신만의 해결책, 비법을 떠올렸다면 다음 질문에 답해 봅니다. 나는 이것을 'ATM 테스트'라 부릅니다.

나에게 돈 받고 팔 만한 해결책이 있는가?

누가 나에게 그 해결책을 배우고 싶어 할까?

누가 나에게 돈을 내고 그 해결책을 배우고 싶어 할까?

가능성이 충분한 Potential

내 조언이나 해결책을 살 사람이 많아야 합니다. 내가 누구보다 잘할
수 있는 아이템이고 고객이 기꺼이 돈을 내고 살 만한 조언이지만 그것
을 살 고객이 손에 꼽을 정도라면 사업화하기 어렵습니다.

내가 콘텐츠사업을 시작한 2002년에는 책 쓰기 코칭이라는 말조차
없었습니다. 이후 소셜시대가 급격히 열리면서 책을 내고 싶어 하는 욕
구를 가진 이들이 급증했고 지금은 3040세대의 버킷리스트 1위일 만
큼 책 쓰기 코칭 시장이 확대되었습니다. 만일 원형콘텐츠 3요소 가운
데 앞의 두 조건이 충족되는데도 성장 가능성이 불투명한 분야라면 사
업 설계를 다시 해야 합니다.

원형콘텐츠로 개발하는 데 필요한 조건 3가지-경험하고 숙성시킨
Myocean, 돈이 될 만한 ATM, 성장 가능성이 충분한 Potential-의
영어 단어 첫 글자를 연결하면 지도MAP라는 말이 만들어집니다. 이
3가지는 구글의 성공하는 콘텐츠 기준인 E-A-T를 충족하는, 평생
소득을 불러오는 캐시콘텐츠의 구성 요소이면서 콘텐츠사업에 꼭 필
요한 보물 지도입니다. 자, 보물 지도를 가졌으니 당신의 보물을 충족
할 콘텐츠거리를 찾아 나서 볼까요?

경험을 평생 소득으로 만드는 연금술, 콘텐츠 디벨로퍼

'콘텐츠 디벨로퍼'는 경험에서 추출한 지식을 노하우로 만들어 현금화하는 콘텐츠사업의 아이템 개발 과정입니다. 당신이 아니면 안 되는 콘텐츠사업 아이템을 찾아 원형콘텐츠로 개발하도록 설계된 프로그램이지요. '콘텐츠 디벨로퍼'는 잘 팔리는 책 쓰기를 목표로 하는 '송숙희책쓰기교실'에서 2007년부터 실행하고 점검하고 수정하고 보완하며 정리한 콘텐츠 연금술입니다. '송책교' 출신의 수많은 저자가 '콘텐츠 디벨로퍼'로 콘텐츠 아이템을 발굴하고 또 책으로 출간함으로써 경험을 돈으로 만든다는 것을 입증했습니다.

나만의 원형콘텐츠 찾기

책 쓰기 수업에서 나는 콘텐츠 개발 단계를 가장 중요하게 다루고 가장 우선시합니다. 잘 벼린 콘텐츠 아이템 하나면 평생 먹거리로 손색없기 때문입니다. 거듭 강조하지만 출판사의 투자를 받아 책으로 출간할 만한 콘텐츠라면 콘텐츠사업용 아이템으로도 부족할 리 없습니다. 책 쓰기 수업에서는 책 쓸거리를 마련한 예비 저자라도 콘텐츠 디벨로퍼 단계를 필수적으로 거칩니다. 예비 저자가 책으로 쓰면 좋겠다고 믿는 아이디어는 출판사의 투자를 끌어낼 만한 경쟁력이 없으며 이미 출간된 책의 아이디어를 흉내 낸 것이 많기 때문이지요. 이런 아이디어로는 독자의 지갑을 여는 것이 힘들기 때문에 경쟁력 있는 콘텐츠 개발을 위해 '콘텐츠 디벨로퍼'부터 시작합니다. 아무런 준비 없이 책을 출간하겠다는 욕심만으로 책 쓰기 수업에 임한 사람도 이 과정을 통해 자기만의 원형콘텐츠를 가질 수 있습니다.

'콘텐츠 디벨로퍼'는 콘텐츠거리를 찾는 것부터 원형콘텐츠로 개발하는 단계를 거쳐 콘텐츠사업의 상징인 명함을 만드는 작업까지 3개 코스, 총 10단계로 구성됩니다. 이 과정은 실리콘밸리에서 시작하여 전 세계로 보급된, 탁월한 아이디어를 만드는 '디자인씽킹' 과정과 같습니다. 각 단계에서 제시하고 제안하는 작업을 수행하다 보면 어느새 당신의 콘텐츠사업 아이템이 만들어져 있을 것이라 장담합니다.

콘텐츠 디벨로퍼 10단계

1단계 열정 기반 콘텐츠 금맥 찾기

카카오 김범수 의장이 재산의 절반인 5조 원을 기부했습니다. 사회문제 해결에 직접 후원하는 방식으로 기부하겠다며 아이디어를 구하자 직원들은 문화재 환수, 취업난, 스타트업 지원, 환경보호 등 다양한 아이디어를 제시합니다. 김 의장은 이렇게 결론 냈습니다.

"좋아하고 잘할 수 있는 아이디어에 집중하고 싶다."

돈 많고 성공 경험이 충분한 기업가조차 이렇게 말합니다. 처음 해보는 일에 돈 들이지 않고 혼자 도전하는 콘텐츠사업이야말로 좋아하고 잘하는 아이템으로 시작해야 하지 않을까요? 그래야 잘할 수 있습니다. 그래야 오래 할 수 있습니다. 오래 잘해야 계속 더 잘할 수 있습니다.

"잘하는 일, 좋아하는 일로 평생 소득 만드세요."

제가 입에 달고 사는 말입니다. 콘텐츠사업 코칭을 시작하던 무렵에는 누구나 저마다 잘하고 좋아하는 일이 하나쯤은 있을 테니 나는 그 경험을 콘텐츠로 만드는 과정이 수월하도록 돕기만 하면 될 거라고 생각했습니다. 경험에서 추출한 지식으로 원형콘텐츠를 만들고 그것을 강연-출판-교육-조언하기 경로로 판매하는 것을 도우면 될 것이라고 생각했습니다. 하지만 콘텐츠사업 코칭을 하며 내가 가장 많이 한 일은 원형콘텐츠가 될 만한 콘텐츠거리 찾기를 돕는 것이었습니다. 이 과정을 오랫동안 진행하다 보니 한 사람 한 사람 내면의 갱도에서 콘텐츠 금맥을 찾는 일에 도가 트였습니다. 이 과정에서 또 한 번 절감한 것은 누구나 콘텐츠사업을 할 만한 경험을 하나 이상 다 품고 산다는 것입니다.

잘하는 일? 좋아하는 일?

누구든 내면에 품고 있을 콘텐츠 금맥 채굴을 돕는 일, 이것이 내가 주로 하는 일이자 아주 잘하는 일이면서 좋아하는 일입니다. 이 일을 하면서 가장 많이 받은 질문은 "좋아하는 일로 콘텐츠사업 가능할까요?"

이며 가장 많이 한 대답은 "그저 좋아하는 것으로는 콘텐츠사업 하기 힘들다"입니다. 좋아하는 일은 대개 혼자 즐기는 취미의 영역입니다. 혼자 즐기는 일로 누군가의 문제를 해결하거나 고민을 풀어줄 수는 없습니다. 그런데 잘하는 것이라면 누군가가 돈 내고 배우고 싶어 하거나 조언을 청할 가능성이 높습니다. 그래서 나는 권합니다. 콘텐츠 금맥은 좋아하는 일이 아니라 오랫동안 잘 해온 일에 숨어 있으니 잘 해온 일을 살펴 금맥을 찾으라고 말입니다.

앞에서 콘텐츠가 될 만한 거리는 생업에서 마련한 지식과 지혜, 덕후 생활에서 얻은 지혜, 생활 속에서 체득한 능숙한 기술이어야 한다고 강조했습니다. 이 3가지 요소는 '좋아하는' 정도를 훌쩍 뛰어넘는, 오래 잘 해온 수준입니다. 어떤 일을 오래 잘 해왔다면 그저 잘하는 정도가 아니라 그 일을 쉽고 빠르고 근사하게 잘 해내는 나름의 비결과 그 일에 대한 남다른 견해를 가졌을 것입니다. 어떤 일을 오래 잘 해온 사람을 프로라 부르는 것도 같은 맥락입니다. 프로는 하는 일 자체가 콘텐츠입니다.

열정을 콘텐츠로, 돈으로 바꾸는 프로의 비법

실리콘밸리에서 스타트업의 구루로 불리는 벤처 투자가 벤 호로위츠는 투자를 요청하는 창업자를 수없이 만나고 이렇게 말합니다.

"성공하고 싶다면 열정을 따르지 마라."

그가 경험하기로 성공한 사람들은 '열정'이라는 단어에 집착하기보다 그저 잘하는 일을 했다고 합니다. 또 그는 어떤 일에 열정을 가졌다고 해서 그 일을 잘하는 것은 아니라는 것도 직접 확인했다고 합니다. 나도 자주 벤 호로위츠처럼 말합니다.

"콘텐츠사업에 성공하고 싶다면 열정을 입에 올리지 마라."

나는 열정이라는 말을 그리 좋아하지 않습니다. 콘텐츠사업 코칭을 하며 만난 수많은 사람들이 열정이라는 단어에 속아 시작도 못하고 좌절하고 포기하는 것을 너무 많이 보았기 때문입니다. 황인호 님이 소방관이 된 것은 공무원이 되는 길 중 하나였기 때문이라고 했습니다. 그러니 처음에는 소방공무원으로서 남다른 열정이 없었다고 합니다. 하지만 우연히 인공호흡으로 사람을 살렸고 그 한 번의 경험이 소방공무원으로서 자긍심을 고취하여 어린이 안전교육의 1인자가 되고 싶다는 열정을 갖게 했습니다.

잘하는 일로 인정을 받으면 더 잘하려 애쓰게 되고 그러다 보면 그 일이 좋아집니다. 좋아지면 더 잘하고 싶고 잘하면 더 좋아하게 되는 것이 인지상정입니다. 열정은 개발되는 것이지 어떤 일이 좋아 보여서 흥미를 갖는 정도는 '열정'이라 부를 수 없다고 생각합니다. 유튜브 게임 채널 분야에서 초등학생의 대통령이라 불리는 도티, 그도 '당신 안에 잠든 열정을 깨워라'는 식의 권유를 좋아하지 않는다고 말합니다.

"열정이 내 안에 잠들어 있다고 생각하면 조금만 마음에 안 들어도 '이건 나랑 안 맞다'고 여기기 쉬워 그만큼 쉽게 포기해버린다."

도티 님은 스스로 만들어 가는 '열정'이야말로 포기하지 않고 끝까지 몰두하게 만드는 원천이 된다고 강조합니다.

그래도 열정, 치열한 열정

열정이 콘텐츠사업의 성공을 보장하지는 않지만 콘텐츠사업에 성공하는 사람은 열정적입니다. 성공한 수많은 사람을 자신의 방송에 초대하여 비결을 묻고 대화를 나눈 오프라 윈프리. 성공하는 사람들은 모두 열정적이라고 증언합니다. 그리고 성공하고 싶어 하는 사람에게 이렇게 조언합니다.

"열정은 에너지다. 무엇이 당신을 흥분시키는가에 집중하는 데서 오는 힘을 느껴라."

그러므로 이제 질문을 바꿔야 합니다. 콘텐츠사업 아이템을 찾는 사람들에게 "당신은 무슨 일에서 열정을 느끼는가?" 이렇게 물으면 피상적인 답을 하기 쉽습니다. 대신 이렇게 물어봐야 합니다.

"당신이 돈과 시간과 관심을 아까운 줄 모르고 쓰는 분야가 무엇인가?"

열정은 시간과 돈이라는 수업료를 치르기 마련입니다. 자기도 모르는 사이에 돈과 시간과 에너지를 들여 몰두하는 일, 거기에 당신의 콘텐츠사업 아이템이 자리 잡고 있습니다.

수업료로 찾기; ATM

좋아하고 잘하는 것은 돈과 시간과 에너지를 수업료로 들인 결과입니다. 당신의 일정표와 신용카드 영수증을 살펴보세요. 그리고 다음 물음에 답해 보세요.

아무리 바빠도 거르지 않고 하는 일이 있는가?

돈을 받지 않고도 하고 싶은 일이 있는가?

가장 오랜 시간 지속적으로 한 일이 무엇인가?

시간이 남을 때 주로 하는 일은 무엇인가?

수업료를 내며 공부하는 게 있는가?

2단계 강점 기반 콘텐츠 금맥 찾기

—

콘텐츠사업 아이템으로 개발될 콘텐츠 금맥은 '잘하는 일'에 묻혀 있기 마련입니다. 그런데 '나 이거 하나는 정말 잘해요'라고 자신 있게 답하는 사람이 의외로 적습니다. 그래서 '잘하는 일이 뭐예요?'라고 묻는 대신 이렇게 묻습니다.

"또 저런다 하며 주위 사람들이 흉보는 거 있어요?"

못 말리는 당신의 바로 그 지점

어려서부터 집 안 구석구석을 정리하는 데 혈안이 된 그녀의 별명은 '정리충'입니다. '○○충'은 욕에 가까운 표현이지요. 하지만 처음 만나는 사람에게 '정리충'이라며 자신을 소개하는 그녀는 정리의 마법사, 곤도 마리에입니다.

광고일을 하는 김지영 님은 상대가 기업이든 사회든 택시 기사든 백화점 직원이든 간에 어이없고 황당한 상황에 직면하면 한 치의 머뭇거

림도 없이 바로 컴플레인합니다. 이 열혈 컴플레이너의 가족이나 지인들이 그만하라고 만류하는 모습이 눈에 선합니다. 말린다고 들을 그녀가 아닙니다. 그녀의 못 말림증은 '똑똑한 소비자로 거듭나자'는 메시지를 가진 『웬만해선 그녀의 컴플레인을 막을 수 없다』라는 제목의 책 콘텐츠로 거듭납니다.

나도 '책쓰기충'입니다. 처음 만나는 사람과 몇 마디 나누다 보면 곧 "책 좀 쓰세요"라고 합니다. 이어 책을 쓰면 왜 좋은지, 책을 쓰려면 어떻게 하면 되는지 폭탄급 조언을 쏟아 냅니다. 궁금하지 않을 텐데, 묻지도 않았는데 말입니다.

어떤 일을 좋아하고 열렬하게 잘하면 곤도 마리에처럼 김지영 님처럼 "또 저런다"는 빈축을 삽니다. 옆에서 비아냥거려도 그만두지 못하는 일, 아니 그보다 더 한 말을 들어도 계속하고야 마는 일, 콘텐츠 금맥은 이런 일로 위장되어 있습니다. 이런 일은 그 사람의 강점에서 출발합니다.

강점은 남보다 우세하거나 더 뛰어난 점을 말하는데 생업이든 부업이든 생활이든 취미든 관계든 누구나 한 부분에서는 강점을 발휘하기 마련이지요. 전문가들은 강점을 극대화하려면 '재능'과 '지식', '기술'이 필요하다고 합니다. 강점을 구성하는 재능이란 무의식적, 생산적으로 반복되는 사고, 감정, 또는 행동을 말하며 지식이란 학습과 경험을 통해 얻은 노하우, 기술은 실제적인 가치를 창출하는 활동을 말합니다. 강점 기반 콘텐츠는 콘텐츠사업 아이템의 MVP입니다.

강점 기반 콘텐츠 아이템 MVP

지식Mastery : 누군가를 돕겠다고 나설 만한 노하우

당신은 잔소리를 자주 하는 타입인가요? 남의 일에 이래라저래라 자주 참견하는 편인가요? 주위로부터 눈총 받을지는 몰라도 잔소리를 많이 하고 자주 참견하는 분야가 있다면 그것이 바로 당신의 콘텐츠거리일 수 있습니다. 잔소리도 오지랖도 상대를 아끼는 마음, 돕고자 하는 마음에서 시작하기 때문입니다. 내가 좋아서 하는 일이 나 혼자 좋은 것에 그치지 않고 누군가에게 도움되는 것이라면 그 일은 콘텐츠거리가 될 수 있습니다.

마켓컬리 김슬아 대표는 원래 먹는 것을 좋아하고 먹거리에 관심이 많아 직장 다닐 때부터 농부들과 직거래를 할 정도였답니다. 소문이 나자 지인들이 먹거리 산지 정보를 물어보곤 했을 정도로 말입니다. 급기야는 "이런 좋은 먹거리를 더 많은 사람들에게 공급할 수는 없을까?" 하는 생각에 이르렀고 마켓컬리를 창업했습니다. 살림살이를 비즈니스로 발전시킨 마샤 스튜어트는 경제사범으로 수감되어 있을 때조차 '동료 죄수를 위한 특별한 음식'을 개발하곤 했습니다.

가장 잘하는 일로 다른 사람의 문제를 해결한다면 콘텐츠거리로 확실합니다. 벤처 투자가 벤 호로위츠도 이렇게 말합니다.

"당신이 세상에서 제일 잘할 수 있는 것을 하라. 당신의 이야기로 어떤 문제를 해결할 수 있는 일 말이다."

기술Value creating : 가치를 만드느라 설레는 일

강점 전문가로 세계적인 명성을 자랑하는 마커스 버킹엄은 어떤 일을 하고 나서 '강해진 기분'이 든다면 그 일이 바로 자신의 강점이라고 알려줍니다. 청소하거나 양말을 정리한 후, 비행기 표를 싸게 산 후, 갈등하는 친구들을 화해시킨 후 등등 어떤 경우, 어떤 일이든 강점이 발휘되는 요소가 있습니다. 어쩌다 한 번이 아니라 반복해서 강해진 기분을 느끼게 하는 일이 강점이며 강점에 기반한 일을 해야 성공할 수 있다고 강조합니다. 내가 강해진 기분이 드는 그 일을 반복해서 할 수 있고 결과를 스스로 예상할 수 있고 또 그런 특성을 발휘할 때 흡족하다면 그 일은 콘텐츠사업으로 반드시 성공하는 아이템입니다.

나는 책 쓰기 워크숍이 있는 토요일이면 그 전날부터 설렙니다. 글쓰기 수업이 있는 날이면 그날 아침부터 신이 납니다. 그러니 강행군을 해도 힘든 줄 모릅니다. 수업에 참여한 사람들이 당면한 문제를 하나하나 콕 집어 해결하다 보면 정말로 내가 강해진 느낌이 들기 때문입니다. 콘텐츠사업은 고객을 행복하게 하는 일이지만 고객이 행복해지는 것을 보며 내가 행복해지는 일이기도 합니다. 마켓컬리 김슬아 대표도 이렇게 말합니다.

"회사가 힘들고 포기하고 싶을 때도 있었지만 컬리가 없으면 제가 불행할 것 같다고 생각하니 그만둘 수가 없었습니다."

재능Passionate : 누구보다 쉽게 척척 하는 일

글쓰기를 좋아했지만 빠져들지는 않았던 그녀, 꿈꾸던 것을 포기하고 주부로 살아가던 그녀는 우리말로 '경단녀'였습니다. 어느 날 인스타그램에 포스팅을 시작하기 전까지는 말입니다. 불현듯 계정을 열고 자신과 딸의 이름을 타이틀로 걸었습니다. 그저 길고 공허한 낮 시간을 표현하고 일상을 공유하는 게 전부였지요. 그런데도 한 달 만에 1천 명의 팔로워가 생깁니다. 이때부터 사는 게 신이 납니다. 그 신나는 모습을 인스타그램에 공유하자 여러 사람이 '나도 인스타그램에서 당신처럼 살고 싶다'며 비결을 가르쳐 달라 청합니다. 그녀는 기꺼이 멘토링을 시작합니다. 그러다 소셜미디어로 온라인 강좌를 열었는데 지금 이 강좌는 부부가 종일 매달려야 하는 억대 매출 규모 사업으로 성장했습니다. 그녀는 이러한 경험을 책으로도 출간하여 더 많은 이들이 그녀를 찾습니다. 인스타그램을 했을 뿐인데 사라 태스커는 하고 싶은 일을 하며 사는 자유를 얻었다고 고백합니다.

콘텐츠거리가 될 만한 일은 하기 쉽다는 특징을 가집니다. '누구에게나 쉬운 일'이라는 의미가 아니라 많은 사람들이 버거워 하는 어떤 일을 유독 자신만은 수월하게 해내는 일을 말합니다. 좋아하고 잘하는 것이라 해도 그것을 콘텐츠로 만드는 일은 결코 녹록지 않습니다.

이 쉽지 않은 일을 매일 계속하려면 일 자체가 수월해야 합니다. 매일 콘텐츠를 올리기 위해 온갖 의지를 동원해야 한다면 절대 오래갈 수 없습니다.

당신이 하는 행위나 작업, 일 가운데 만만하게 잘하는 일이 무엇인 가요? 일상적으로 하는 일인데도 남들이 부러워하고 대충하는 것 같은데도 남보다 잘하는 것이 무엇인가요? 잘하는지 못하는지 평가를 한 뒤 스스로를 살펴봅니다.

당신은 어떤 일을 할 때 누구보다 잘하며 어떤 일을 할 때 강해지고 설레나요? 바로 그 일이 당신의 콘텐츠 금맥입니다. 다음 질문에 대한 답을 찾으며 당신의 강점을 발견하세요.

지식Mastery : 누군가의 어떤 문제나 고민을 해결할 수 있는가?
기술Value creating : 가치를 만들어내는가?
재능Passionate : 누구보다 쉽게 잘할 수 있는가?

3단계 경험 전수조사로 콘텐츠 금맥 찾기
—

아직도 콘텐츠사업 아이템이 될 만한 거리를 발견하지 못했나요? 그렇다면 이번에는 경험을 탈탈 털어 전수조사를 해볼까요? 생업, 일에서 찾고 취미에서 찾고 일상생활에서 찾고 덕질에서 찾고 고수하는 신념이나 가치관, 철학에서 찾고 재능에서 찾고 취업, 투잡, 외국어 공부, 부동산, 주식투자 등 부업에서도 콘텐츠 금맥이 숨어 있나 찾아봅시다. 내가 잘하는 게 뭐야? 하고 주위에 물어보는 것도 방법입니다.

다음은 평생 먹거리, 쓸거리 콘텐츠를 찾는 책 쓰기 워크숍에서 사용하는 전수조사용 질문지입니다. 질문에 답하다 보면 속속 자신을 들여다보게 됩니다. 하나하나 답하다 보면 당신 내면에 의외로 많은 콘텐츠거리가 내장되어 있음을 알게 되고 콘텐츠사업에 관해 많은 영감과 아이디어를 얻게 될 것이라 확신합니다. 질문에 답할 때는 꼭 문장으로 쓰세요. 그래야 생각을 분명히 알 수 있습니다.

잘하는 일이 별로 없다고요? 건너뛰지 말고 억지로라도 써보세요. 질문에 대한 답을 3가지씩 씁니다.

나는 이런 것을 참 잘한다.

_____

_____

_____

다른 사람들이 몹시 부러워하는 내 능력은 이런 것이다.

_____

_____

_____

내가 두고두고 자랑하는 일은 이런 일이다.

_____

_____

_____

내가 오랫동안 해온 것은 이런 일이다.

_____

_____

_____

내가 취업이나 재취업, 전업 등 이력서를 쓸 때 가장 중점을 두는 경력은
이것이다.

내가 단독으로 진행하여 성공한 프로젝트는 이런 것이다.

이 프로젝트를 성공시켰던 것은 나의 이런 능력 덕분이다.

국내외 전시회, 박람회를 다닌 경험이 있는데 주로 이런 주제였다.

내가 유난히 쉽게 하는 일은 이런 것이다.

_____

_____

_____

주위 사람들은 나를 이런 분야의 전문가로 인정한다.

_____

_____

_____

내가 잘한다고 줄곧 인정받는 일은 이런 것이다.

_____

_____

_____

나는 이런 일을 하면 늘 만족한다.

_____

_____

_____

내가 딴 자격증은 이런 것에 관한 것이다.

내가 딴 면허는 이런 것에 관한 것이다.

내가 딴 학위는 이런 것에 관한 것이다.

사람들이 나를 찾을 때는 이런 문제를 해결하고 싶어서다.

경험 전수조사 2 즐기는 것에서 찾기

어떤 일이든 즐기지 않으면 오래 할 수 없고, 오래 할 수 없는 일은 잘 하기 힘듭니다. 당신은 무슨 일을 즐기나요? 쓰다 보면 당신도 몰랐던 자신을 발견하게 될 것입니다. 이번에도 답은 3가지씩 씁니다.

내가 걸핏하면 입에 올리는 대화 주제는 이런 것이다.

....

....

....

사람들이 알아주는 나의 취미는 이것이다.

....

....

....

나는 ○○광, ○○충이다.

....

....

....

나는 책 쓰기 과정에 참여하는 사람들에게 독서 목록을 보여 달라 합니다. 그 사람이 읽은 것을 보면 나는 그 사람이 어떤 종류의 책을 쓰게 될지 알아낼 수 있습니다. 독서 목록은 콘텐츠거리를 찾는 데 매우 요긴한 기준입니다. 최근에 읽은 책 20권의 제목을 씁니다.

책 제목	저자

내가 읽은 책 20권의 공통점은 이것이다.

....

....

....

내가 소장하는 책은 이런 주제를 다룬다.

....

....

....

내가 책을 고르는 기준은 이것이다.

....

....

....

내가 책을 쓴다면 이 책을 샘플로 삼고 싶다.

책 제목	저자	이유

노트북에 스마트폰에 즐겨찾기 해놓은 것이 있을 겁니다. 일상생활 속에서도 그냥 지나치지 못하는 곳이 있지요. 하나하나 살펴보세요. 답은 꼭 3가지씩 씁니다.

내가 가장 많이 시청하는 유튜브 채널은?

이 유튜브 채널의 공통점 :

내가 자주 팔로우 하는 SNS는?

이 SNS의 공통점 :

즐겨찾기 해둔 웹사이트는?

이 웹사이트의 공통점 :

온라인으로 구독하는 지식 서비스의 목록은?

....

....

이 지식 서비스의 공통점:

정기 구독하는 신문이나 잡지는?

....

....

이 신문, 잡지의 공통점:

자주 가는 공간은?

....

....

이 공간의 공통점:

내가 즐겨찾기 하는 것의 공통점은 이것이다.

....

....

당신에 대해 주위 사람들은 뭐라고 하나요? 가끔은 나보다 남이 나를 더 잘 알지요. 질문에 답하기 어려우면 주위 사람들에게 직접 물어보고 씁니다.

주위 사람들에게 이런 타박을 자주 듣는다.

....

....

....

나의 재능이나 강점에 대해 주로 듣는 말은?

....

....

....

나의 어떤 점이 그러한 말을 듣게 하는가?

....

....

....

나와 가장 많은 시간을 보내는 주변 사람 5명이 곧 나의 '평균'이라고 합니다. 가장 자주 만나는 지인 5명의 이름을 쓰세요.

이들과 자주 만나는 이유는 무엇인가?

이들과 나의 공통점은 무엇인가?

당신에게 자주 도움을 청하는 사람들이 있나요? 축하합니다. 벌써 잠재 고객을 확보했네요. 그런데 그들은 어떤 사람들인가요?

나에게 이런 사람들이 자주 도움을 청한다.

_____

_____

_____

그들은 이런 도움을 주로 청한다.

_____

_____

_____

그들이 나에게 도움을 청하는 이유는 이것이다.

_____

_____

_____

강연 프로그램 〈세바시〉에서 당신을 초대하여 강연을 듣겠다고 한다면

강연 시간 15분 동안 어떤 주제로 강연할 것인지와 그 이유를 3가지씩

씁니다.

이 주제를 선정한 이유는 이것이다.

일에서든 생활에서든 취미든 덕질이든 분야를 막론하고 찾아봅니다.
이것만은 내가 1등이야 하고 우길 만한 게 있나요? 무엇이든 좋습니다.
혹은 내가 TV프로그램 〈생활의 달인〉에 나간다고 가정하고 생각해봅
니다.

나는 이것만큼은 1등이다.

_____

내가 이것에 1등이라 장담하는 이유는 이것이다.

_____

내가 이것에 1등인 비결은 이것이다.

_____

내가 이것에 1등임을 알게 된 계기는 이것이다.

_____

내가 이것에 1등임을 알게 된 것은 이때쯤이다.

_____

나는 이것에 1등 하기 위해 이런 노력을 했다.

내가 이것에 1등이라고 주위 사람들은 이렇게 증언한다.

내가 이것을 다른 사람에게 가르친다면 대상은 이렇다.

내가 이것을 가르치는 강좌 이름은 이렇게 지을 것이다.

나눠 줄 수 있다면 많이 가졌다는 증거입니다. 당신은 평소 어떤 식으로 누구와 어떤 것을 나누는지 살펴봅니다.

나는 이런 재능을 기부할 때 가장 기쁘다.

그 재능을 기부한 대상은 주로 누구인가?

만일 내가 재능을 기부한다면 이것일 것 같다.

만일 내가 재능을 기부한다면 이 사람들을 대상으로 할 것 같다.

10가지나 되는 경험 전수조사를 했습니다. 이미 당신은 콘텐츠사업을 할 만한 콘텐츠거리, 해결책을 찾았을 겁니다. 정리해볼까요?

내가 잘 해결하는 문제는 무엇인가?

....

그 문제를 해결하는 나만의 비결은 무엇인가?

....

나에게 문제를 해결해달라고 요청하는 사람은 어떤 사람들인가?

....

당신의 경험을 탈탈 털어 전수조사를 하는 동안 콘텐츠거리에 대한 감이 왔으리라 생각합니다. 이제 단호하게 말해보세요.

내가 콘텐츠사업을 할 만한 주제는 이것인 것 같다.

....

이 주제로 콘텐츠사업을 할 수 있다고 보는 이유는 이것이다.

....

이 주제로 콘텐츠사업을 한다면 대상은 이런 사람일 것이다.

....

4단계 경쟁 없이 이기는 레어템 만들기

___

투자하는 것마다 초대박을 만드는 실리콘밸리 마이다스의 손, 벤처 투자가 피터 틸이 질문합니다.

"스타트업에서 출발한 구글, 페이스북, 페이팔, 테슬라가 해당 분야 1인자가 된 결정적 비결은?"

피터 틸은 이 말을 하고 싶어 질문한 것입니다.

"경쟁하지 말고 독점하라."

남들보다 조금 나은 것을 만들어서는 허구한 날 경쟁에 휘말릴 뿐이며 세상에 없던 것을 만들어 독점할 때만 성공할 수 있다고 강조합니다. 콘텐츠사업에서 경쟁에 휘둘리는 것이야말로 실패로 가는 지름길입니다. 많은 사람들이 얻고 싶어 하는 것을 단독으로 제공할 때 당신의 콘텐츠는 광고도 홍보도 필요 없이 팔려 나갑니다. 독점적인 콘텐츠를 제공하며 싸우지 않고 1등을 해야 혼자 오래 잘해 나갈 수 있습니다. 마케팅에 돈을 쓰지 않아도 되니까요. 그렇다면 다양한 방법으로 발굴한 당신의 콘텐츠거리는 독점적 경쟁력이 있는지 알아봐야 합니다.

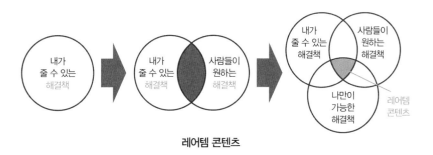

레어템 콘텐츠

앞 단계에서 확보한 콘텐츠거리, 아이템에 대한 사람들의 의견을 들어 봅니다. 좋은 게 좋다는 식의 응원가를 들려주는 사람보다는 객관적으로 논리 정연하게 피드백 해줄 사람이 좋습니다. 콘텐츠가 그리 독창적이지 않다는 평가를 받더라도 실망하지 마세요. 지금부터 그것을 세상에 둘도 없는 '레어템'으로 만드는 공식을 소개합니다!

평범을 독점으로 바꾸는 레어템 공식

경쟁 없이 독점하려면 당신의 콘텐츠가 해당 분야에서 1등을 해야 합니다. 말이 쉽지 '1등 하기'가 그리 쉬운가요? 어느 분야에서든 1등은 딱 1명입니다. 그러니 후발 주자라면 1등을 따라잡기가 거의 불가능합니다. 당신이 진입하려는 분야에서 1등을 할 수 없다면 당신의 콘텐츠가 1등을 할 만한 시장을 만드세요. 이것이 바로 평범한 콘텐츠를 독점적 경쟁력을 지닌 레어템으로 만드는 비결입니다. 레어템 공식이 더 반가운 것은 곱셈만 할 줄 알면 된다는 점 때문입니다.

당신의 콘텐츠거리(f)에 차별 포인트(x)를 곱하세요. 그러면 레어템이 나옵니다. 차별 포인트를 하나씩 늘려서 곱할수록 당신의 아이디어는 희소가치가 점점 높아집니다.

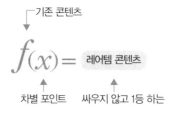

레어템 콘텐츠 공식

내가 콘텐츠사업을 시작하던 무렵만 해도 글쓰기 기술은 기자나 작가, 교수, 카피라이터 등 글로 먹고사는 사람에게나 필요했습니다. 이때까지만 해도 글을 잘 쓰려면 재능을 타고나야 한다는 인식이 지배적이었고 글쓰기를 가르치는 곳도 대학교가 아니면 찾아보기 힘들었습니다. 나는 '글쓰기 교육'이라는 기존의 분야(f)에 일과 일상에서 더 나은 성과를 얻고 싶은 보통 사람(x)이라는 요소를 곱했습니다. 그러자 '업무 성과를 향상하고자 하는 보통 사람 누구에게나 필요한 글쓰기 기술 전수'라는 레어템이 만들어졌습니다. 이 아이템에 '돈이 되는 글쓰기'라는 타이틀을 붙여 상품화하자 콘텐츠가 불티나게 팔렸습니다.

특별한 직업을 가진 사람들을 위한 글쓰기 교육 × 업무 성과 향상을 위해 글쓰기 기술이 필요한 보통 사람 = 돈이 되는 글쓰기

만일 당신이 사찰 음식을 좋아하여 많은 돈과 시간을 들여 배웠고 이를 아이템으로 콘텐츠사업을 하려 한다고 가정해봅시다. 이미 사찰 음식 전문가가 많이 포진해 있는데다 당신은 승려도 아닙니다. 후발 주자인 당신이 경쟁 없이 1등 하기는 불가능해 보입니다. 레어템 공식으로 당신이 1등인 분야를 만들어 볼까요? 사찰 음식을 필요로 하는 고객군을 세분화하여 먼저 당뇨 환자에게 초점을 맞춰 봅니다. 그러면 '당뇨 환자를 위한 맞춤 식단'이라는 레어템을 만들 수 있습니다.

사찰 음식 × 당뇨 환자 = 당뇨 환자를 위한 맞춤 식단

당신은 사진 찍기를 좋아합니다. 특히 집 안 곳곳을 사진 찍기 좋아하고 이렇게 찍은 사진을 SNS에 올리니 많은 팔로워가 '좋아요'를 보냅니다. 사진을 본 사람들은 20평대 작은 아파트인 데도 사진으로는 50평대처럼 보인다며 놀라워합니다. 당신의 사진 찍기로 어떤 레어템이 가능할까요?

사진 찍기×집 안 사진 2배 커 보이게 찍기=랜선 집들이용 사진 잘 찍는 법

사진 잘 찍기 노하우를 전수하는 사람은 많지만 집 안을 2배 넓어 보이게 찍을 줄 아는 사람은 당신이 유일할 것 같습니다. 이렇게 하면 당신이 1등입니다. 온라인 집들이를 하고 싶은 신혼부부, 집을 자랑하고 싶은 사람들이 당신의 콘텐츠를 구매할 것입니다. 공인중개사를 대상으로 매물이 좋아 보이게 사진 찍는 법과 같은 콘텐츠 아이디어도 가능합니다.

레어템을 만드는 결정타 찾기

레어템 공식을 활용하면 다른 사람은 꿈도 꾸지 못할 차별화된 콘텐츠를 만들 수 있습니다. 레어템을 만드는 결정타, 차별화 요소를 확보하는 것이 관건입니다.

× 다른 관점

뻔한 콘텐츠일지라도 전혀 다른 관점을 곱하면 틀림없이 독창적으로 변합니다. 『150년 하버드 글쓰기 비법』 콘텐츠는 "글쓰기에 있어 쓸거리를 빼고는 생각할 수 없다"는 문장으로 정리되는 남다른 관점을 차별 포인트로 잡았습니다. 나는 150년 동안이나 글쓰기 교육에 목을 맨 하버드대학이 쓸거리를 만드는 논리적 글쓰기를 4년 내내 집중적으로 가르친다는 데 착안하여 논리 정연하게 쓸거리를 만드는 노하우를 만들었습니다. 글쓰기에서 중요한 것은 표현이 아니라 쓸거리라는 남다른 관점에서 출발한 콘텐츠라 글쓰기를 어려워하는 많은 사람들에게 열렬한 환영을 받았습니다. 당신이 건진 콘텐츠 아이디어 분야에서 남다른 관점을 만들려면 아래 문장식을 채워 봅니다. 수십 가지의 문장식을 완성하다 보면 남다른 관점 x를 건져 올릴 수 있습니다.

○○에 있어서 x를 빼고는 생각할 수 없다.

× 다른 분야

『부의 추월차선』은 빠르게 부자가 되고 싶어 하는 사람들에게 그 비결을 알려주는 책입니다. 일본 사람 고도 토키오는 이 책의 아이디어를 업무 성과를 끌어올려 연봉 높이기라는 다른 분야에 접목했습니다. 그랬더니 '30대에 억대 연봉 만드는 폭발적인 연봉 향상 테크닉'이라는 독점적 콘텐츠가 만들어졌습니다.

✕ 다른 대상

당초 설정한 타깃 고객과 다른 대상으로 눈을 돌립니다. 내가 만든 콘텐츠 『당신의 책을 가져라』는 책 쓰기의 주요 타깃인 전문 지식인이 아니라 평범한 직장인, 주부, 학생을 대상으로 했습니다. 전문 지식인보다 훨씬 광범위한 독자층에게 큰 환영을 받았습니다.

✕ 새로운 결핍

『150년 하버드 글쓰기 비법』 콘텐츠를 만들면서 수집한 자료 중 잊기 힘든 것이 있었습니다. 미국 학생들은 초등학교 때부터 논리적 사고와 글쓰기를 배웁니다. 초등학교 때부터 배우기 시작하여 중학교, 고등학교, 대학교까지 점차 높은 수준의 것을 배웁니다. 반면 우리나라에서는 대학을 졸업할 때까지도 논리적 글쓰기를 제대로 배우지 못합니다. 그러니 어른이 되어서도 논리 정연한 글을 쓰지 못해 허덕입니다.

여기에 착안하여 『초등학생을 위한 150년 하버드 글쓰기 비법』 콘텐츠를 만들었습니다. 초등학생 때부터 논리적 사고와 글쓰기를 배워야 한다는, 새로운 결핍 x포인트를 반영한 것입니다. 그 결과 초등학생을 대상으로 한 글쓰기 시장 진입에 성공했습니다.

✕ 주제 쪼개기

주제를 세분화하여 쪼갠 다음 그중 하나를 차지하면 콘텐츠가 1등을 할 수 있습니다. 요즘 살림을 잘하는 주부들이 참 많습니다. 웬만해서는 명함도 내밀지 못합니다. 이럴 때는 주제를 쪼개어 접근하면 희소

가치가 생깁니다. 집 안을 미니멀하게 꾸미자는 콘텐츠도 차고 넘칩니다. 류지현 님은 '미니멀한 집 안 정리'라는 주제를 쪼개 '음식물 쓰레기 제로화'라는 새로운 영역을 만들었습니다.

내 콘텐츠에서 시작하는 레어템 만들기

당신의 콘텐츠거리(f)에 차별 포인트(x)를 곱합니다. 당신만의 아이템, 레어템을 만드세요.

×다른 관점	"○○에 있어서 x를 빼고는 생각할 수 없다." 문장식 만들기
×다른 분야	
×다른 대상	
×새로운 결핍	
×주제 쪼개기	

5단계 콘텐츠거리 점검하기
—

이제 당신의 콘텐츠거리를 확실하게 손에 쥐었으리라 생각합니다. 간단하게 테스트해볼까요? 내 것이다 싶은 콘텐츠거리로 글을 써보세요. 21일 동안 매일 쓰세요. SNS에든 노트에든 스마트폰에든 어디든 매일 씁니다. 그러다 보면 자연히 알게 됩니다. 그 일에 대해 자꾸자꾸 말하고 싶은지, 말하게 되는지, 그 일에 대해 얼마나 아는지 모르는지, 매일 그 일에 대해 쓰는 것이 좋은지 아닌지……. 그러다 보면 알게 됩니다. 그 주제로 콘텐츠사업을 하고 싶은지 아닌지 말입니다.

콘텐츠사업으로 적합하지 않은, 내 것이 될 수 없는 콘텐츠라면 21일 동안 매일 쓰기가 불가능합니다. 아니, 사흘을 내리 쓰기도 힘듭니다. 내 것이 될 만한 주제, 콘텐츠사업으로 적합한 것이라면 매일 글로 쓰기가 수월하거나 또 글로 쓰는 것이 당장은 쉽지 않아도 하루하루 좋아지는 것을 스스로 느낍니다.

21일 동안 매일 쓰기 테스트

'21일 동안 매일 쓰기 테스트'는 쓰고 싶은 주제를 정리하는 것으로 시작합니다. 당신이 발굴한 콘텐츠거리는 누구를 위한 어떤 내용인지, 어떤 가치를 전달하는지 핵심 요소 3가지를 팁T.I.P으로 정리합니다.

타깃Target : 누구에게 알맞은 내용인가요?

아이디어Idea : 무엇에 관한 것인가요?

제안과 약속Proposal&promise : 어떤 가치를 제공하고 있나요?

주제가 정리되었으면 이제 글을 씁니다. 분량이나 형식은 제한 없습니다. 주제 범위 안에서 21일 간 매일 쓰는 것이 유일한 조건입니다. 마지막 21일째는 매일 쓰기 경험을 점검합니다. 해당 주제로 며칠이나 계속 썼는지, 쓰는 동안 어떤 기분이 들었는지 살핍니다. 예를 들어 쓰면 쓸수록 할 말이 많은가, 쓸수록 쉬워지는가, 더 잘 쓰고 싶다는 욕심이 나는가 등을 살핍니다. 만일 매일 쓰기를 21일 동안 지속할 수 없다면 주제를 바꿔 재시도합니다. 이렇게 재시도를 반복하여 21일 동안 매일 쓰기에 성공한 주제를 발견한다면 물을 것도 따질 것도 없이 바로 그 주제가 당신의 콘텐츠거리입니다.

콘텐츠 아이디어 최종 확인

21일 동안 매일 쓰기 테스트로 확정한 콘텐츠거리는 다음 7가지 항목에 걸쳐 최종 점검합니다. 먼저 당신의 콘텐츠사업 아이디어가 무엇인지 타깃, 아이디어, 고객 가치 순으로 쓰다 보면 저절로 정리됩니다.

이 아이디어는 직접 경험하고 숙성시킨 것인가?

이 아이디어는 돈이 될 만한 것인가?

이 아이디어는 성장 가능성이 충분한 것인가?

이 아이디어는 무엇에 관한 것인가?

이 아이디어는 누구를 고객으로 하는가?

이 아이디어는 어떤 가치를 제공하고 있는가?

이 아이디어로 콘텐츠사업을 하고 싶은가?

6단계 콘텐츠를 구매할 예비 골수팬 찾기

알아서 해 ; 주세요

동사 ; 항상 만족하는 결과를 준다는 뜻

한 가전제품 광고에 등장한 재미난 표현입니다. 광고는 그 제품을 사용하면 '알아서 다 해주니 신경 쓸 것 하나 없이 아주 편하다'는 메시지를 전합니다. 나도 광고를 흉내 내 이렇게 말해봅니다.

콘텐츠 올리면 알아서 살게요

동사 ; 묻지도 따지지도 않고 산다는 뜻

콘텐츠를 '알아서' 사는 충성도 높은 고객만 있으면 콘텐츠사업은 '알아서' 성공합니다. 그렇다면 1천 명이든 100명이든 골수팬 만들기가 관건입니다. 그나저나 골수팬은 어디에서 만날까요?

골수팬은 발견하는 것이 아니라 만드는 것입니다. 찾아다니지 마세요. 인공지능을 동원한 첨단 기술로 고객의 턱밑까지 쳐들어간다 한들, 콘텐츠와 주파수가 맞지 않으면 헛고생입니다. 주파수가 맞더라도 스토킹하듯 찾아와 '사주세요' 하는 판매자는 스팸으로 처리합니다. 돈 쓰며 헛일하는 거지요. 찾아오게 만드세요. 필요한 콘텐츠를 찾아 헤매던 고객이 당신의 콘텐츠를 발견하여 블로그로 찾아오게 하고 그 고객과 콘텐츠로 소통하면 그는 '알아서' 골수팬이 됩니다.

이제 질문을 바꿔 봅니다. 어떻게 해야 고객이 알아서 찾아오게 만들까요? 좋아하는 상대가 나를 좋아하게 만들려면 그 사람에 대해 아는 게 우선입니다. 골수팬을 확보하는 방법도 똑같습니다. 그 사람에 대해 잘 알아야 합니다. 그래서 골수팬을 만드는 데는 이런 질문이 유용합니다.

내가 도움을 줄 수 있는 사람은 누구일까?
누가 나의 도움을 받아 문제를 해결하고 싶어 할까?

든든한 주춧돌이 될 첫 번째 골수팬 찾기

세계적인 경영 컨설턴트 짐 콜린스는 사업에 적합한 사람을 버스에 태우면 그 버스로 성공의 목적지까지 갈 수 있다고 주장합니다. 나도 늘 이렇게 주장합니다.

"내 콘텐츠에 반한 고객을 1명씩 버스에 태우면 콘텐츠사업은 저절로 굴러간다."

내 콘텐츠에 반해 블로그를 찾는 골수팬 100명만 있어도 콘텐츠사업은 저절로 굴러갑니다. 하지만 한꺼번에 골수팬 100명 만들기는 절대 쉽지 않습니다. 딱 1명으로 시작합니다. 1명 1명, 고객이 당신을 찾아오게 하려면 먼저 고객이 필요한 콘텐츠를 제공해야 합니다. 고객의 필요를 알아내려면 고객에게 다가가야 합니다. 우버처럼 카카오택시처럼 고객이 있는 곳까지 찾아가야 합니다.

내 콘텐츠와 주파수가 맞는 고객은?

내가 찾아야 할 고객의 인상착의부터 정리합니다. 인상착의는 고객 1명 1명을 핀으로 꽂듯 공략하는 핀포인트 마케팅에서 착안하여 핀PIN으로 정리합니다.

Problem 내 고객이 해결하고 싶어 하는 문제는 무엇일까?
Interest 내 고객의 관심사는 무엇일까?
Needs 내 고객에게 필요한 것은 무엇일까?

각각의 질문을 세부적으로 쪼개면 고객을 더 잘 이해할 수 있습니다.

Problem 내 고객이 해결하고 싶어 하는 문제
내 고객은 나를 통해 어떤 문제를 해결하고 싶어 하는가?
내 고객이 가진 문제의 핵심은 무엇인가?
내 고객의 문제를 어떻게 해결하면 되는가?

나의 경우, 이렇게 고객의 문제를 정리합니다.

내 고객은 나를 통해 콘텐츠사업 창업에 도움을 받고 싶어 한다.
내 고객이 가진 문제의 핵심은 시장성을 염두에 두지 않고 콘텐츠를 만드는 바람에 예비 고객에게 환영받기 힘들다는 점이다.
내 고객이 문제를 해결하려면 예비 고객을 만나 그들의 문제점에 대해 들어 보아야 한다.

Interest 내 고객의 관심사

내 고객이 관심 있어 하는 것은 무엇인가?

내 고객이 주로 입에 올리는 말은 무엇인가?

내 고객은 주로 어떤 사연을 가졌는가?

내 고객의 관심사에 대해 이렇게 정리합니다.

내 고객이 관심 있어 하는 것은 자신도 경험만으로 콘텐츠를 만들 수 있을까 하는 것이다.

내 고객이 주로 입에 올리는 말은 '회사 그만두고 싶은데 먹고살 게 걱정이다'이다.

내 고객은 회사를 그만두고 싶어 하지만 경제적으로 쪼들릴까 걱정하느라 이러지도 저러지도 못하고 있다.

Needs 내 고객에게 필요한 것

내 고객은 문제 해결에 무엇이 필요하다고 생각하는가?

내 고객의 필요성을 어떻게 충족시키면 되는가?

내 고객의 필요성 충족을 위해 나는 무엇을 해야 하는가?

내 고객의 필요성은 이러합니다.

내 고객은 경험을 콘텐츠로 만들면 성공할 것이라는 확신을 얻고 싶어 한다.

내 고객의 필요성을 충족시키기 위해 자신의 고객을 특정하고 그들의 문제를 해결하는 콘텐츠를 만들도록 지도한다.

나는 그것을 위해 예비 고객을 연구하는 작업부터 먼저 하라고 권한다.

고객 프로필 만들기

이제 당신의 첫 번째 고객 프로필, 인상착의를 만들어볼까요?

Problem 내 고객이 해결하고 싶어 하는 문제	
내 고객은 나를 통해 어떤 문제를 해결하고 싶어 하는가?	
내 고객이 가진 문제의 핵심은 무엇인가?	
내 고객의 문제를 어떻게 해결하면 되는가?	
Interest 내 고객의 관심사	
내 고객이 관심 있어 하는 것은 무엇인가?	
내 고객이 주로 입에 올리는 말은 무엇인가?	
내 고객은 주로 어떤 사연을 가졌는가?	
Needs 내 고객에게 필요한 것	
내 고객은 문제 해결에 무엇이 필요하다고 생각하는가?	
내 고객의 필요성을 어떻게 충족시키면 되는가?	
내 고객의 필요성 충족을 위해 나는 무엇을 해야 하는가?	

예비 고객의 인상착의가 마련되면 그 존재감에 꼭 맞는 이름을 지어

붙입니다. 그러면 예비 고객이 고객이 되고 골수팬이 될 겁니다.

걸그룹 브레이브걸스는 팬을 '리얼아미'라 부릅니다. 방탄소년단의 팬인 '아미'와 발음이 비슷한 아미army에 리얼이라는 수식어를 더한 것으로 군부대 위문 공연에서는 브레이브걸스가 방탄소년단보다 인기 있기 때문이라고 합니다.

이 책을 쓰면서 나도 나의 고객에게 새로운 이름을 선물했습니다. 그동안 나는 내 브랜드 채널인 블로그 팔로워를 '예비 저자'라 불렀는데 이제는 '책덕후'라 부릅니다. 책덕후란 '책 읽기를 무지무지 좋아하는 사람'에 '책을 쓰는 사람'이란 의미를 더한 것으로 정제된 콘텐츠의 보고인 책으로 자신을 업그레이드하여 자기 분야에서 반드시 성공하는 사람(덕후)이라는 의미를 담았습니다. 이렇게 멋진 이름을 짓고 나니 내 블로그를 찾는 팔로워가 참으로 자랑스럽습니다.

내 고객의 이름 짓기	
이름의 의미 쓰기	

7단계 C.A.S.H 유전자 테스트

콘텐츠사업 아이템 발굴을 위해 여기까지 잘 왔습니다. 이쯤에서 이 아이템으로 콘텐츠를 만들면 돈이 될까? 하는 근본적인 점검을 합니다.

캐시콘텐츠는 고객이 필요로 하는 콘텐츠, 고객이 돈을 내고 살 만한 콘텐츠로 C.A.S.H 유전자를 갖습니다. 다음 항목별로 하나하나 체크합니다.

Cashable 돈이 되는가? 고객의 관심, 시간, 돈을 투자받을 만한가?	
Audience 고객이 원하고 좋아할 만한가?	
Strength 내가 남다르게 잘하는 분야인가?	
Hooky 고객의 문제를 해결하여 고객의 마음을 사로잡을 수 있는가?	

8단계 콘텐츠사업 계획서 작성하기

콘텐츠사업은 캐시콘텐츠를 만들어 파는 일이고 캐시콘텐츠는 내 경험에서 쓸거리를 추출한 원형콘텐츠로 만듭니다. 원형콘텐츠가 단단할수록 고객이 반하는 콘텐츠, 돈이 되는 캐시콘텐츠를 생산하기가 수월합니다. 앞서 작업한 것을 토대로 원형콘텐츠를 완성합니다. 사업계획서 양식으로 작성해보면 다른 사람들에게 내 원형콘텐츠가 어떻게 비춰질지 가늠됩니다.

콘텐츠사업의 이름

당신의 콘텐츠사업에 이름을 붙여 주세요. 이 이름은 콘텐츠 이름이자 당신이란 브랜드를 일컫는 네임입니다. 블로그 제목으로도 쓸 수 있으니 전략적으로 연구해야 합니다. 당신의 이름에 콘텐츠 키워드를 더하면 누구라도 흉내 내기 어려운 고유한 이름을 지을 수 있고 콘텐츠에 대한 자부심, 책임감이 고객에게 전달됩니다. 콘텐츠 이름도 '이름+키워드'로 하면 쉽고 빠르게 전달됩니다.

강호동의 밥심
한세구의 백만개미
송숙희의 돈이 되는 글쓰기

콘텐츠사업은 무형의 지식을 파는 사업이라 신뢰가 무엇보다 중요합니다. 외식 사업자처럼 '이름+키워드'로 브랜드 네임을 만든다면 식별성, 신뢰성 면에서 크게 도움을 받습니다. 외식 사업 분야에서도 사업자가 자신의 이름을 내건 상표가 앞다투어 출원되고 있습니다.

백종원의 원조쌈밥집
홍진경의 더한상차림
임창정의 소주한잔

특허출원 관청인 특허청에서는 사업자 본인의 이름 상표를 사용하면 소비자에게 신뢰감을 줄 수 있고 고유한 자신만의 성명이라는 점에서 식별력이 분명하기 때문에 등록하기가 쉽다는 점에서 이런 유형의 상표 출원이 급증한다고 봅니다.

① 후크 포인트

보자마자 사게 만드는 한마디를 후크 포인트라 합니다. 0.3초 동안만 유효한, 사람들의 관심을 단번에 낚아채고 사게 만드는 한마디, 한 줄을 만드세요.

온라인 강의로 억대 연봉 버는 로드맵
누가 읽어도 핵심이 빠르게 전달되는 템플릿 글쓰기
식당 매출 3배 올려주는 동선의 비밀

② 캐치프레이즈

브랜드에 따라붙는 꼬리표, 함축적이고 매력적인 한 줄을 말합니다. 콘텐츠의 가치를 한눈에 보여주어 고객이 기대하게 만듭니다. 예를 들어 이런 식입니다.

하버드비즈니스리뷰; 세상에서 가장 영향력 있는 경영관리 잡지
TED테드; 퍼뜨릴 가치가 있는 아이디어
송숙희책쓰기교실; 대한민국 넘버1 전문가 아카데미

당신의 콘텐츠사업 개요

당신의 콘텐츠가 어떤 것인지 소개글을 써주세요. 어떤 사람을 위한 콘텐츠인지, 무엇에 대한 내용인지, 고객의 어떤 문제를 해결하는지, 왜 하필 이 시점에 이 콘텐츠가 필요한지, 왜 하필 당신이 만든 콘텐츠를

사야만 하는지를 설명합니다.

콘텐츠사업자 소개

콘텐츠 제공자인 당신을 소개하세요. 추진하려는 콘텐츠사업의 성격에 맞춰 당신의 이력이나 경력을 간추려 쓰세요. 이메일, 전화번호 등 핫라인도 챙기세요.

콘텐츠사업 경쟁력 브리프

고객이 당신의 콘텐츠를 사면 어떤 이득이 있는지를 한눈에 보여줍니다. FAB공식을 활용하면 고객이 솔깃할 만한 경쟁력을 보여줄 수 있습니다.

> Feature(특성): 당신 콘텐츠의 특징과 속성 소개
> Advantage(장점): 당신 콘텐츠의 장점
> Benefit(혜택) : 당신 콘텐츠로 고객이 얻는 이익 강조

콘텐츠사업 메시지

당신의 콘텐츠가 고객에게 전하는 메시지를 정리합니다. 메시지는 고객에게 가치가 제안되도록 "～하면～하라"는 문장식으로 정리합니다.

당신을 임팩트하게 소개하고 싶다면 당신의 책을 가져라.
퇴직 후에도 평생 소득을 만들고 싶다면 콘텐츠사업을 하라.

콘텐츠사업 플랫폼

콘텐츠사업 플랫폼인 블로그에 관한 내용입니다. 블로그 내용을 어떻게 구성할 것인지, 집중적으로 다룰 콘텐츠의 내용은 무엇인지, 소셜채널 URL 소개, 보조 채널로 활용할 유튜브나 인스타그램 등의 URL 주소도 씁니다.

콘텐츠사업 개시 일정

콘텐츠사업은 플랫폼을 여는 것으로 시작합니다. 콘텐츠사업에 맞게 개설하거나 정비한 블로그 오픈 예정일을 명시합니다.

9단계 나만의 원형콘텐츠 체득하기

—

드디어 콘텐츠사업에 적합한 당신의 원형콘텐츠가 마련되었습니다. 아직은 개념이 익숙지 않아 남의 것인 양 어색하고 불편할 수도 있습니다. 원형콘텐츠를 완벽하게 당신 것으로 만드는 작업이 필요합니다. 틈만 나면 원형콘텐츠를 말로 설명하고 글로 쓰면서 내 것으로 만드는 작업을 하세요. 그래야 캐시콘텐츠를 척척 만들 수 있습니다. 원형콘텐츠 다루기가 편하고 수월해야 콘텐츠사업에 대한 자신감이 붙습니다.

　우선 원형콘텐츠를 가상의 고객에게 소개하는 글을 써보세요. 단순한 설명보다는 그 콘텐츠가 왜 좋은지를 설명하며 콘텐츠 구매를 권유하는 글을 씁니다. 오레오OREO 공식을 활용하여 내 콘텐츠를 특정 문제의 해결책으로 제안하는 내용을 써봅니다. 일리 있고 조리 있게 쓸 수 있습니다. 먼저 OREO 4줄로 쓸거리를 만듭니다.

Opinion　~하려면 ○○하라

Reasons　왜냐하면 ~하기 때문이다

Examples　예를 들면

Opinion　○○하려면 □□부터 하라

4줄의 쓸거리가 완성되면 각 한 줄을 보다 상세하게 풀어 단락으로 만듭니다. 4개의 단락을 연결하면 당신의 원형콘텐츠를 논리 정연하게 설명하고 소개하며 권하는 한 편의 글이 완성됩니다.

콘텐츠 미션선언문 만들기

이쯤이면 당신의 원형콘텐츠에 당신부터 한껏 매료되었을 것 같은데 어떠신가요? 이제 당신의 콘텐츠와 사업을 상징할 미션선언문을 만들어봅니다. 미션선언문은 콘텐츠사업을 하는 동안 힘들고 지쳐 그만두고 싶을 때, 방향을 잡지 못하고 헛갈릴 때 위로와 격려와 길잡이가 되어줍니다. 샘플을 보여드릴 테니 (　)에 당신의 단어나 문장을 넣어 당신만의 미션선언문을 만들어보세요.

나는 (이름)입니다.

나는 (이런 독자)를 위해

(이런 내용의-아이디어) 책을 쓰고

독자가 간절히 원하는 (이런 변화)를 도우려 합니다.

(~하려면 ~하라, 이런 메시지로) 독자를 매혹하게 될 나는 책을 내고 (이런 활동을 하며 이런 삶을) 살고 싶습니다.

이런 일을 하는 나는 (○○○-내가 하는 일을 한마디로 정의)입니다.

나는 (이름+하는 일)입니다.

10단계 콘텐츠사업 공식화

—

이제 다 되었습니다. 당신의 경험에서 콘텐츠거리를 찾아 원형콘텐츠를 개발하고 자기화까지, 당장 사업화해도 되게끔 만반의 준비를 했습니다. 마지막으로 콘텐츠사업을 공식화하는 단계입니다. 명함을 만들고 보도자료까지 만들면 안팎으로 콘텐츠사업 창업 준비가 완료됩니다.

콘텐츠사업 명함 만들기

대기업에 근무하면서 개인명함을 만들어 사용했던 나의 에피소드를 소개했습니다. 명함은 손바닥만 한 종이쪽에 불과하지만 그 안에 담긴 내용에 따라 자존감과 자신감에 큰 영향을 미칩니다. 나는 콘텐츠사업을 코칭할 때 콘텐츠 아이디어가 분명해지는 순간 개인명함 만들기를 권장합니다. 원형콘텐츠를 개발하는 9단계를 충실히 수행한 당신도 이제 명함으로 마침표를 찍어야 할 때입니다.

명함에 들어갈 내용은 브랜드 네임, 직책, 이름, 하는 일, 업무 분야, 연락처, 세부 정보(이메일, 전화번호, 블로그 URL)입니다. 이 내용은 앞서 작성한 기획안에 거의 대부분 포함된 것이라 명함 만들기에 애로 사항은 전혀 없습니다.

콘텐츠사업을 언제 시작하든 명함은 바로 제작하여 가지고 다닙니다. 그러면 콘텐츠사업의 속도가 빨라집니다.

콘텐츠사업 보도자료 만들기

원래 보도자료는 기업이 언론에 배포하여 소개를 부탁하는 용도로 만드는 것입니다. 크고 작은 기업이나 기관은 새로운 사업이나 정책 등을 홍보할 필요가 있을 때 언론에 보도자료를 보내 기사화를 요청합니다. 콘텐츠사업자로서 당신도 언론에 보낼 보도자료를 만들어봅니다. 당신의 콘텐츠사업 개시를 알리는 보도자료를 만들어보면 사업자로서의 길이 더욱 분명하게 보일 것입니다.

나는 책 쓰기 중심의 콘텐츠사업 코칭 프로그램을 진행할 때 책 아이디어가 완료되면 그대로 책이 출간되었다 치고 보도자료를 만들어보라 권합니다. 보도자료는 고객인 독자가 책을 사고 싶게 만드는 내용이어야 하는데 책을 쓰기 전 고객을 매혹할 만한 포인트를 명료하게 하자는 데 의의가 있습니다. 당신의 콘텐츠사업 보도자료를 책 출간에 준하여 만들어보세요. 인터넷 서점 책 소개 페이지 포맷을 활용하면 어려울 것이 없습니다.

1. 좋아하는 책의 인터넷 소개 자료를 그대로 옮겨 씁니다.
2. 뼈대는 그대로 두고 내용을 내 콘텐츠사업용으로 수정합니다.

보도자료를 만들다보면 고객 관점에서 콘텐츠사업을 점검하게 됩니다. 보도자료 만들기는 수고에 비해 효과가 아주 큰 작업입니다.

이렇게 당신이 추진할 콘텐츠사업의 방향이 잡혔습니다. 방향만 제대로 잡히면 속도를 내는 것은 어렵지 않습니다. 제대로 된 방향이면 그 길에 서 있기만 해도 행복하지요. 당신이 행복하고 편한 마음으로 고객에게 유용한 콘텐츠를 생산한다면 고객이 당신을 찾아오고 당신의 팬이 되는 것은 시간문제입니다. 〈콘텐츠 디벨로퍼 TO DO 리스트〉를 하나씩 작성하다 보면 콘텐츠사업에서 가장 중요한 과정인 콘텐츠사업 기획이 어느덧 완성됩니다.

콘텐츠 디벨로퍼 TO DO 리스트

코스 1 콘텐츠 금맥 채굴하기

1. 열정 기반 콘텐츠 금맥 찾기

2. 강점 기반 콘텐츠 금맥 찾기

3. 경험 전수조사로 콘텐츠 금맥 찾기

코스 2 콘텐츠거리 발굴하기

4. 경쟁 없이 이기는 레어템 만들기

5. 콘텐츠거리 점검하기

6. 콘텐츠를 구매할 예비 골수팬 찾기

7. C.A.S.H 유전자 테스트

코스 3 콘텐츠 아이템 만들기

8. 콘텐츠사업 계획서 작성하기

9. 나만의 원형콘텐츠 체득하기

10. 콘텐츠사업 공식화

FASTLANE

3 | 좋아하는 일로
평생 소득 보장하는
캐시콘텐츠 생산 비법

CONTENTS

우리가 좋은 생각을 하려고 했다면

좋은 생각이 떠오르지 않았을 겁니다.

당신 자신의 삶에서 문제에 대한 해결책을 찾아야 합니다.

경험을 돈으로 만드는 캐시콘텐츠 마법

손봉석 님은 회계사/작가/강연가입니다. 회계와 경영의 본질을 알려주는 콘텐츠를 제공하며 '회계는 복잡하고 어려운 것'이라는 고객의 고정관념을 타파합니다. 블로그에 일상에서 회계를 활용하는 방법을 다룬 콘텐츠를 연재하고 이 콘텐츠는 책과 강연으로 팔려 나갑니다. 김범석님은 종양내과 전문의/작가입니다. 종합병원에 재직하는, 바쁘기로는누구 못지않을 테지만 블로그에 콘텐츠를 발신하고 콘텐츠는 책에 담겨판매됩니다. 김유진 님은 변호사/작가/강연가입니다. 미국에서 대학과로스쿨을 졸업하고 변호사가 된 후 지금은 국내 한 대기업에서 사내 변호사로 일합니다. 이토록 화려한 이력의 비결을 궁금해 하는 사람들에게 시간 경영 노하우를 공유합니다. 블로그와 유튜브로 제공한 콘텐츠는 책과 강연으로 팔리고 주도적인 시간 관리 노하우를 전수하는 플래너 비즈니스까지 콘텐츠사업을 확장합니다.

회계사, 의사, 변호사 같은 전문직이 잘나간다는 말은 오래전 이야기입니다. 광고를 내고 소셜마케팅에 적잖은 돈을 들여서 존재를 알리지 않으면 먹고살기 힘들다는 하소연이 다반사입니다. 하지만 여기 소개한 세 사람은 좀 다릅니다. 유용한 콘텐츠를 제공하는 전문가로 고객에게 소문났으니 광고며 마케팅을 따로 할 필요가 없습니다. 캐시콘텐츠를 만들 수 있기 때문입니다.

김보미 님은 공부방 선생님/작가/컨설턴트입니다. 공부방을 열어 성공한 경험을 네이버 카페에 공유하여 책을 내고 공부방 창업을 돕는 컨설팅 사업을 합니다. 김경욱 님은 마트 사장/작가입니다. 정유회사를 다니다 퇴사한 후 작은 동네 마트를 열었습니다. 이 경험을 콘텐츠화해서 책을 출간했습니다. 곧 편의점 창업 컨설팅처럼 마트 컨설턴트로 활약하며 비법 콘텐츠를 팔 테지요.

김정미 님은 공인중개사/작가/부동산 투자 상담가입니다. 전업주부에서 일약 부동산 투자 전문가로 거듭나면서 그 경험을 책에 담아 팝니다. 김정미 님도 곧 전업주부를 위한 커리어 개발이나 전업주부의 투자 노하우 방면으로 강연하고 상담하며 콘텐츠를 팔 것입니다.

미포머 인포머 마이포머? 자랑형 정보형 조언형!

미국 럿거스대학교 연구진에 따르면 인터넷 SNS에는 딱 3부류의 사람만 존재한답니다. 미포머는 자기 이야기만 하는 사람입니다. 뭘 했네, 봤네, 갔네 하면서 말이지요. 팔을 뻗어 찍은 자기 모습만 업데이트하는 게 취미인 사람을 말합니다. 어디서 무엇을 하는지 모를 수 없게 하는 사람, 이게 자랑이야? 어처구니없게 만드는 사람입니다.

인포머는 정보를 올리는 사람입니다. 이럴 땐 이렇게 하라, 이런 좋은 게 있다는 내용을 올리는데 성의는 가상하지만 여기저기서 다 볼 수 있는 일반적인 내용이라 그리 가치는 없습니다. 정보형이라고는 하나 결국은 나 이런 거 안다오, 한다오, 봤다오 하는 자랑 섞인 경험을 줄줄 늘어놓은 것에 불과하지요.

마이포머는 자기만의 정보를 올리는 사람을 말합니다. 당연히 다른 데서는 볼 수 없는 차별화된 내용이겠지요. 이러니저러니 평만 늘어놓는 게 아니라 나는 이렇게 잘한다는 자기 경험만 늘어놓는 게 아니라 경험을 지식으로 바꾸어 제공하는 사람입니다. 어떤 문제 해결에 도움이 되는 노하우나 기술, 팁을 요리 레시피처럼 만들어 주는 사람, 문제가 생겼을 때 부탁하고 싶고 돈을 내고서라도 도움을 받고 싶은 사람입니다. 바로 콘텐츠사업자지요.

인터넷에 뭔가를 게시하는 사람의 비율은 미포머 : 인포머 : 마이포머 = 90 : 9 : 1이라고 합니다. 조언콘텐츠를 올리는 당신은 1%에 속하는 콘텐츠사업자입니다.

콘텐츠사업의 기본 단위, 캐시콘텐츠

캐시콘텐츠는 C.A.S.H 유전자를 포함한 콘텐츠로 고객을 매료시켜 구매를 유발합니다. 캐시콘텐츠는 그 자체로 잘 팔리는 기본 단위 콘텐츠이면서 의도와 목적에 따라 강연, 출판, 교육, 조언 등의 방법으로 재생산되어 팔립니다. 경험을 캐시콘텐츠로 만들면 손대지 않아도 저절로 커지는 영향력을 발휘합니다.

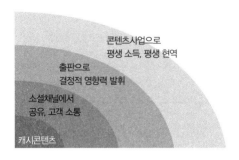

저절로 커지는 캐시콘텐츠 영향력

앞으로 소개할 캐시콘텐츠 생산 노하우는 블로그에서 공유할 기본 콘텐츠를 만드는 것입니다. 텍스트로 만든 캐시콘텐츠 최초 버전은 블로그, 브런치 등 텍스트 콘텐츠 채널을 통해 유통되거나 말이나 영상, 이미지로 가공되어 해당 채널을 통해 공유되고 유통됩니다. 캐시콘텐츠를 만들어 블로그에 게시한다는 것은 당신의 도움을 필요로 하는 고객을 불러 모으고 고객을 매료시켜 팬으로 만드는 능력을 갖췄다는 증거이며 콘텐츠사업자에게 요구되는 단 하나의 준비를 마쳤다는 신호입니다.

필수 3종 캐시콘텐츠

캐시콘텐츠는 콘텐츠사업 플랫폼인 블로그에서 예비 고객과 소통하고 고객을 팬으로 만드는 매개체 역할을 합니다. 콘텐츠사업이 원하는 곳까지 비상하도록 길고 탄탄한 활주로가 되어줄 블로그에는 3종류의 콘텐츠가 필요합니다.

안내콘텐츠 : 콘텐츠사업자 관련 내용

조언콘텐츠 : 경험에서 추출한 조언을 담은 내용

소통콘텐츠 : 고객과 상호작용 하는 내용

안내콘텐츠는 주춧돌처럼 단단하게 콘텐츠사업을 지탱할 내용입니다. 블로그에 찾아온 고객이 궁금해 할 내용 즉, 당신이 전개하는 콘텐츠사업에 대한, 콘텐츠 제공자로서 당신에 대한, 당신이 제공하는 콘텐츠에 대한 내용으로 구성됩니다. 운영자 소개 페이지, 문답 페이지가 여기에 속합니다.

조언콘텐츠는 고객의 고민을 해결하는 내용으로 블로그를 찾게 하는 이유이자 돈이 되는 핵심 콘텐츠입니다. 쉽게 검색되고 잠재 고객에게 쉽게 노출되어 잠재 고객을 지속적으로 유도하는 역할을 합니다. 오랜 시간이 지나도 검색되고 공유되는 효자 콘텐츠로 많은 사람들이 링크를 걸어 소개에 소개를 부르는 콘텐츠입니다.

소통콘텐츠는 고객과 소통하면서 교감하고 관계를 맺도록 지원하는 콘텐츠입니다. 콘텐츠 내용과 관련하여 묻고 답하기, 공지, 강의나 강연, 워크숍 개최를 안내하는 내용입니다. 이 3종류의 콘텐츠는 당신이 잠자는 동안에도 고객을 상대로 열일을 합니다.

무조건 팔리는 캐시콘텐츠의 절대 속성

내가 진행하는 글쓰기, 책 쓰기 수업에는 자영업 사업자가 많습니다. 이들은 소셜채널에 콘텐츠를 올려 사업을 마케팅하려는 의도를 가졌고 블로그 수익화 기술 같은 강좌를 전전하다 마지막으로 내 수업을 듣는다는 공통점이 있습니다.

"가능한 콘텐츠가 많이 노출되게 하려고 최적화 기술이니 하는 것을 배우러 다녔지만 다 소용없더라."

이들은 수업에 참여한 다른 사람들에게 이렇게 말하며 콘텐츠 마케팅 성과는 품질 좋은 콘텐츠를 지속적으로 생산하는 것 외에 다른 비결은 있을 수 없다고 조언합니다. 그러려면 출판사가 책으로 낼 만한 콘텐츠를 생산해야 하고 그런 콘텐츠를 생산하는 기술로써 글쓰기를 배워야 한다고 수업 진행자인 나를 대신하여 한 수 거듭니다. 역시 경험 끝에 얻은 통찰은 값집니다. '검색 상위에 노출될 수 있는 꼼수'란 없다고 네이버 측도 공식적으로 말하니까 말이지요.

네이버 측은 콘텐츠가 잘 검색되게 하려면 블로그 방문자와 꾸준히 소통하는 좋은 콘텐츠를 올리는 게 전부라고 설명합니다. 나만 해도 매일 1편씩 블로그에 캐시콘텐츠를 올리는 것 외에 콘텐츠사업을 위해 따로 하는 일은 없습니다. 캐시콘텐츠는 저절로 팔리는 C.A.S.H 유전자를 지닌 고품질 콘텐츠입니다.

내 콘텐츠가 약이라면 어떤 환자에게 필요할까?

스마트폰만 있으면 필요한 정보를 그때그때 구글이나 네이버에서 다 찾을 수 있습니다. 동영상, 사진, 글 등 콘텐츠가 차고 넘칩니다. 전문가가 제공하는 것, 이웃이 알려주는 것까지 마음에 드는 방법을 취하면 그만입니다. 게다가 거의 무료입니다. 그렇다면 학교도 전문가도 유튜브에

항복하는 시대임에도 불구하고 돈을 내고 사서 보는 콘텐츠는 어떤 것일까요?

사람들은 단지 '좋아서'가 아니라 자신에게 이익이 되거나 손실을 피하기 위해 제품, 서비스를 삽니다. 당신의 콘텐츠를 산다면 누가 왜 살까요? 어떤 문제와 고민을 해결하려는 것일까요? 당신의 콘텐츠는 누구에게 어떤 이익을 약속하나요? 당신의 콘텐츠는 누구의 어떤 손실을 막아주나요? 이 질문에 답할 수 있는 콘텐츠가 캐시콘텐츠입니다. 잘 팔리는 콘텐츠에 반드시 들어 있는 이것은 '문제 해결책'입니다.

콘텐츠를 만들기 전 숙박 공유 서비스로 일약 세계적인 기업으로 떠오른 에어비앤비 창업자 브라이언 체스키의 말을 기억하세요.

"우리가 좋은 생각을 하려고 했다면 좋은 생각이 떠오르지 않았을 겁니다. 당신 자신의 삶에서 문제에 대한 해결책을 찾아야 합니다."

'좋아요'에서 '고마워요'로

'좋아요'는 돈이 되지 않습니다. 매일 콘텐츠를 게시하는 일은 시간도 에너지도 꽤 드는 일입니다. 그 결과로 '좋아요'가 하나씩 늘 때마다 기분은 좋지만 기분이 좋으려고 매일 돈도 안 되는 일에 시간이며 에너지를 쏟아부을 수는 없습니다. '좋아요'를 돈으로 만들어야 합니다. 비결은 '좋아요' 버튼이 아니라 '고마워요' 댓글을 받아내는 콘텐츠를 만드는 것입니다.

'좋아요' 콘텐츠가 돈이 되지 않는 것은 단순한 정보 전하기, 개인기 수준의 보여주기, 자랑하기에서 그치기 때문입니다. 반면 '고마워요'를 받는 콘텐츠는 '이런 문제를 가졌다면 이렇게 해봐라' 하고 도움을 주는 것입니다. 고객이 가진 문제를 쉽고 빠르게 해결하도록 구체적인 방법을 알려주는 콘텐츠는 필요하다면 돈을 내고서라도 구매합니다. '고마워요' 인사는 기본입니다. 이런 콘텐츠를 해결책 콘텐츠 또는 하우투 콘텐츠라 합니다.

좋아요	고마워요
공감	공감×가치
정보형, 전시형, 자랑형	하우투, 솔루션, 돕기
정답 해설	문제 해결
기부	거래
돈이 드는 콘텐츠	돈이 되는 콘텐츠

고무지우개를 조각칼로 파서 '작품'을 만드는 지인이 있습니다. 화투장 크기의 고무지우개에 그가 새겨 찍어내는 이미지는 누가 봐도 작품입니다. 그가 페이스북에 작품을 올릴 때마다 '좋아요'가 쏟아집니다. 그런데 그 '좋아요'는 고무지우개를 살 만큼도 돈은 되지 못합니다. 개인기를 자랑하는 수준의 보여주기 콘텐츠라 그렇습니다. 어떻게 하면 지인은 '좋아요' 대신 '고마워요'를 받고 개인기를 돈이 되게 만들 수 있을까요? 여기서도 한 줄 공식이면 됩니다.

'좋아요' 콘텐츠×고객 가치 = 캐시콘텐츠

고무지우개 판화 작업에 '멍 때리기'라는 가치를 곱해 캐시콘텐츠를 만듭니다. 모닥불이 타들어 가는 모습을 담아 만든 31분짜리 영화 〈메가 릴렉스 불멍〉처럼 상품화할 수 있습니다.

〈스마트폰에 지친 뇌를 쉬게 하는 하루 5분 지우개 명상 교실〉이라는 이름을 붙여 온라인 수업을 엽니다. 수업에서 고무지우개로 찍어내는 판화 작업은 집중력, 주의력이 취약해진 사람들에게 특효라고 설명합니다. 하루 5분 집중 명상이 뇌에 미치는 영향력 연구를 들어 주장을 뒷받침하면 더욱 설득력 있겠지요. 그런 다음 최근 주의력이 떨어져 성과에도 문제가 생기기 시작한 사람들, 업무나 공부에 집중하지 못해 고민인 사람들에게 함께 하자고 권합니다. 그들에게 고무지우개라는 작은 캔버스에 조각을 잘하는 비결을 구체적으로 정리하여 공유합니다. 판화용 고무지우개 고르는 법, 조각도 잡는 법, 다치지 않게 조각하는 방법은 물론 이미지를 새기는 단계별 가이드까지 콘텐츠를 제공합니다. 텍스트도 좋고 영상으로도 좋습니다. 수업 받는 사람들이 만든 고무지우개 판화는 온라인 전시도 합니다. 이렇게만 한다면 1인당 최소한 1만 원의 수업료를 받을 수 있습니다. 불멍 영화가 6천 원이었으니까요. 온라인으로 하는 수업이니 콘텐츠를 한 번 만들어두면 더 이상 추가 비용도 품도 들지 않는 콘텐츠사업을 지속적으로 할 수 있습니다.

기억하세요! 고객이 돈을 내는 콘텐츠는 '좋아요'가 아니라 '고마워요'에서 나온다는 것을 말입니다.

저절로 팔리는 캐시콘텐츠의 공통점

주식 관련 방송 프로그램에 출연한 두 사람이 있습니다. '주식가격이 조금만 떨어져도 불안한 데 스트레스 관리를 어떻게 하면 되느냐'는 방청객 질문에 그중 한 사람은 이렇게 말합니다.

"지나친 불안감은 합리적 결정을 방해하고 손해 보는 행동을 유발할 수 있으니 불안 시그널을 크게 증폭할 정도의 무리한 투자는 조심해야 한다."

다른 한 사람은 이렇게 답변합니다.

"내 경우, 주식을 너무 팔고 싶을 때 해당 기업의 주식을 한 주만 파는 것으로 마음을 달랜다. 주식을 한 주 파는 것으로 매도 욕구가 채워질까 싶지만 완벽하진 않아도 어느 정도는 충족될 수 있다. 이렇게 하면 뇌에 기능적 구조적 변화를 주어 우울증, 치매 예방에도 효과가 있다는 연구 결과도 있더라."

어느 쪽에 더 솔깃한가요? 전자는 원론을 설명하는데 그치지만 후자는 해결책을 제시합니다. 자신의 경험을 이야기하며 문제를 해결하게 돕습니다. 잊지 마세요! 고객이 원하는 것은 해결책이지 해설이 아닙니다.

무릎을 탁 치게 하는 해결책 만들기

검색엔진이며 소셜검색을 통해 웬만한 문제는 공짜로 해결하는 시대입니다. 돈을 내고서라도 구매하는 콘텐츠는 명확한 해결책을 다룹니다. 당신의 경험을 해결책으로 캐시콘텐츠로 만드는 간단한 방법을 소개합니다.

1단계 고객 문제 선택하기

내 분야에서 나의 고객은 어떤 문제를 안고 있는지 모니터링합니다. 실제 고객에게 들은 질문이 가장 유용합니다. 질문에 대한 답을 쓰면 곧 문제 해결 콘텐츠가 됩니다. 고객에게서 수집한 질문이나 그들의 문제점을 메모해두면 콘텐츠 만들기가 수월합니다.

2단계 고객 문제 파악하기

고객이 힘들어 하는 특정한 증상이 어디에서 기인한 것인가를 점검합니다. 증상만 보고 해결책을 제시하면 해법이 정확하지 않습니다.

3단계 문제 해결책 만들기

해당 문제를 해결한 경험을 살펴 증상 해결 방법을 만듭니다. 해결책은 한 줄로 정리합니다. 그래야 문제도 해결책도 명료해집니다. 한 줄 해결책을 만들려면 먼저 고객을 사로잡을 메시지를 만듭니다. 메시지는 문장식 하나로 간단히 만들 수 있습니다.

"만일 ~하다면 ○○하라."

만일 ○○하다면: 고객이 해결하고 싶어 하는 문제를 제기합니다.

"계속되는 다이어트 요요 증상이 힘들다면"

○○하라: 당신만의 답을 제시합니다.

"살찌지 않는 체질을 만들어라."

하나의 문장으로 메시지를 정리합니다.

"계속되는 다이어트 요요 증상이 힘들다면 아예 살찌지 않는 체질을 만들어라."

한 줄 해결책을 콘텐츠로 담아내면 고객이 돈을 내고 구매하는 캐시 콘텐츠가 완성됩니다.

4단계 해결책을 콘텐츠로 완성하기

오레오 공식을 활용하면 해결책 콘텐츠를 설득력 있게 만들 수 있습니다. 오레오 공식은 하버드대학 등 세계 일류 대학이 학생들에게 공들여 가르치고 맥킨지 등 글로벌 컨설팅회사에서 콘텐츠를 만들 때 주력하는 논리적 사고와 글쓰기 기법을 하나로 정리한 것입니다. 오레오 공식은 논리적 구성 요소인 '의견 주장하기-이유 들기-예시 들기-구체적 방법 제안하기'의 영어 표현 앞 글자를 하나씩 따서 만든 것으로 이 순서대로 생각을 정리하면 한 줄씩 4줄로 구성된 논리적 뼈대가 만들어집니다. 뼈대 한 줄마다 세부 내용을 보태 단락으로 만들면 일리 있고 조리 있는 레시피가 완성됩니다.

① O 문제 해결책 제시하기

고객은 무슨 내용이든 결론부터 듣고 싶어 합니다. 콘텐츠의 결론이 될 만한 의견을 명료하게 주장하고 그에 합당한 이유와 근거로 증명합니다. 적절한 사례와 세부적인 방법을 추가하여 주장에 힘을 보탭니다.

② R 제시한 해결책의 이유와 근거 들기

결론에 대한 근거를 들면 설득되기 쉽습니다. 이유 없는 주장을 만나면 독자는 이해하지 못하고 계속 읽고 싶어 하지도 않습니다. 또한 이유에 대한 근거를 보태도 제시한 의견에 설득력을 더할 수 있습니다.

③ E 예시 들기

구체적인 예를 들면 의견을 더 빨리 수긍합니다.

④ O 구체적 방법 제안하기

문제 해결에 대한 의견과 관련된 구체적인 방법을 제안함으로써 의견에 동참하도록 유도합니다.

백종원처럼 척척 솔루션 만드는 비책

—

'요리 무지렁이들의 눈높이에 딱 맞춘 요리 교실 프로그램'이라고 설명하는 TV 프로그램 〈백파더: 요리를 멈추지 마!〉를 재밌게 보았습니다.

프로그램에 등장하는 사람들 중에는 요리라면 겁부터 먹는 나조차 '아니 저런 것도 몰라?' 할 정도의 요리맹이 많았습니다. 프로그램을 진행한 백종원 님은 그런 한 사람 한 사람의 수준에 맞게 요리를 가르쳤습니다. '요리계의 갓파더'답습니다.

고객의 문제를 해결하는 해결책 콘텐츠를 만드는 당신도 당신 분야의 백종원, 갓파더가 되어야 합니다. 돈을 내고서라도 해결책을 사려는 고객은 그 문제에 대해 별의별 사소한 것까지 전부 다 모릅니다. 그러니 당신이 제공하는 해결책 콘텐츠는 해당 문제를 가진 고객 누구나 쉽게 이해하고 따라 하여 문제를 해결할 수 있도록 도와야 합니다. 그 내용은 최소한의 노력만으로 근사한 요리를 만들게 돕는 밀키트처럼 자상하고 꼼꼼해야 합니다.

밀키트처럼 자상한 솔루션 레시피

밀키트에는 요리에 필요한 정량의 손질된 식재료와 레시피가 들어 있습니다. 샤브샤브 밀키트만 봐도 고기에 채소, 버섯류의 신선 식품은 물론 육수를 바로 낼 수 있는 ○○, 양념에 국수까지 즉석에서 샤브샤브를 해먹을 수 있도록 모든 재료가 준비되어 있습니다. 실사 사진에 일러스트까지 동원한 레시피는 나처럼 요리에 젬병인 요린이조차 샤브샤브를 거뜬히 차려내는 것을 돕습니다.

당신의 해결책 콘텐츠도 밀키트처럼 만드세요. 이해하기 쉽게 과정을 잘게 쪼개 하나씩 하나씩 설명하세요. 문제 해결에 필요한 소소한 팁도 전부 다 전수하세요. 고객이 이해하기 쉽게 할 수 있다면 어떤 조언도 아끼지 말라는 것입니다.

나는 책 쓰기를 코칭하며 예비 저자들이 아는 게 없어 궁금해 하지도 않는 것조차 콘텐츠로 만들어 공유합니다. 예를 들어 책을 수월하게 쓰려면 책 한 권이 어떤 내용으로 구성되어 있나 살펴보는 것이 좋다며 250~300페이지 책 한 권을 일일이 분석하는 배열표를 만들어 양식을 공유합니다. 강의료를 입에 올리기 민망해 하는 새내기 강사들을 위해 강의료 메뉴 표를 만들어 올려놓고 이렇게 하라고 권합니다. 책 쓰기에 필요한 기획안 양식은 물론 원고 쓰기가 쉽게 서식을 설정한 문서 파일도 공유합니다. 책 원고를 쓴 다음 책 출간을 제안할 출판사 리스트도 수소문하여 공유합니다. 원고를 집필할 때 시간 관리를 위한 팁은 물론 시간 관리 시트를 만들어 공유합니다.

내가 운영하는 인터넷 카페 '빵굽는타자기'에는 콘텐츠사업, 책 쓰기, 글쓰기 관련 해결책 콘텐츠 14,000여 점이 알토란같이 저장되어 있고 이 모든 것은 누구든 필요하면 무료로 읽고 다운로드 받아 사용할 수 있습니다. 내가 다루는 분야와 관련해서 고객이 필요하고 원하는 것이라면 다른 곳을 찾을 이유가 없게 하자는 것이 나의 마음입니다. 당신의 고객이 언젠가 알게 될 내용이라면, 기왕이면 당신에게서 알아 가도록 하는 것이 좋습니다. 백종원 님이 유튜브며 TV며 할 것 없이 레시피와 요리 팁을 아낌없이 나눠주는 것을 보세요. 가진 것을 나눌 줄 알며 아까워하지 않고 도움을 주는 자세야말로 그 분야 최고의 전문가이자 전용차선을 달리는 부자이기에 가능한 일입니다.

홈쇼핑에서 배운, 품절보장 콘텐츠 만들기
—

콘텐츠사업은 콘텐츠에 의한, 콘텐츠를 위한, 콘텐츠의 사업입니다. 잘 팔릴 만한 콘텐츠를 만들고 콘텐츠를 팔기 위해 콘텐츠를 활용합니다. 블로그에 강연, 컨설팅, 코칭 등을 공지할 때도 캐시콘텐츠를 만드세요. 광고처럼 판매용 전단지처럼 팔려고 애쓰지 말고 홈쇼핑 쇼호스트처럼 고객이 돈을 쓰게 만드세요. 홈쇼핑에서 배운, 사지 않을 수 없게 하는 품절보장 콘텐츠 만들기 공식을 소개합니다.

　내용을 '문제 제기problem−해결책 언급solution−문제점 강조point− 해결책 제시solution'의 순서로 구성하는 PSPS 공식입니다. PSPS 공식은 파는 입장에서는 판매를 위한 콘텐츠지만 사는 입장에서는 문제를 해결하는 조언이자 우정 어린 제안입니다. PSPS 공식으로 쓸거리 뼈대를 만든 다음 내용을 채우면 콘텐츠가 완성됩니다. PSPS 공식을 활용하여 내가 진행하는 〈하버드식 글쓰기 수업〉을 공지해봅니다.

문제 제기 ; 고객이 해결하고 싶어 하는 문제점 부각하기
코로나19 팬데믹으로 재택근무가 늘면서 명확하고 빠른 소통을 위해 글쓰기 기술이 더욱 요구되지만 글쓰기는 대부분의 사람들에게 여전히 힘들다.

해결책 언급 ; 문제를 해결하는 이상적인 대책 언급하기
명확하고 빠른 소통을 하려면 논리적으로 글을 써야 한다. 논리적으로 생각하고 표현하는 방법을 배워야 한다.

문제점 강조 ; 이상적 대책이 가진 어려움 피력하기

그렇지만 대부분의 글쓰기 강좌는 논리적 글쓰기를 다루지 않는다. 그보다는 일단 쓰라, 잘 쓰려면 잘 읽어라 같은 일반론에 머문다. 논리적 글쓰기를 배울 방법이 없다.

해결책 제시 ; 내 제품이나 서비스가 문제 해결의 최적임을 강조하기

〈하버드식 글쓰기 수업〉은 국내에서 처음 선보이는 유일한 논리적 글쓰기 강좌다. 하버드대학이 150년 동안 가르쳤고 하버드대학생이 4년 내내 배우는 논리적 글쓰기 비법을 3시간 만에 전수한다. 논리 정연하게 글을 쓰고 말하는 능력을 계발하여 어떤 일에도 성과를 내는 유능한 사람으로 자신을 포지셔닝 하도록 돕는다.

PSPS 공식에서 중요한 것은 판매하는 제품, 서비스의 혜택을 분명하게 제시하는 것입니다. 제품이나 서비스가 얼마나 훌륭한가에 대한 설명은 물론 그 제품과 서비스가 고객을 위해 무엇을 할 수 있는가를 더 중점적으로 어필해야 합니다. 고객이 제품, 서비스를 구매할 때 얻게 되는 혜택이 분명할수록 그것이 자신의 문제를 해결할 수 있다고 믿게 될수록 구매할 확률이 아주 높습니다.

소소한 일상도 돈이 되는 콘텐츠 레시피

런던 지하철은 자살 테러 사건 발생으로 인해 실추된 이미지와 명예를 회복하기 위해 TF팀을 꾸렸습니다. 이런저런 궁리를 하던 중 TF팀은 이런 질문을 만납니다.

"왜 지하철 안내 방송은 나쁜 소식뿐일까? 아무런 사고가 나지 않으면 좋은 일인데 이건 왜 방송을 하지 않을까?"

이 질문에서 영리한 아이디어를 얻습니다. 아무 일 없어도 방송하기! 런던 지하철 이용객은 이런 내용의 안내 방송을 듣게 됩니다.

"지금 우리 지하철은 정시에 운행되고 있습니다."
"지금 우리 지하철은 아무런 이상 없이 안전하게 운행되고 있습니다."

이런 내용이 이용객의 마음을 편안하게 만들었고 덕분에 런던 지하철의 이미지가 크게 회복되었다고 합니다. 런던 지하철의 살가운 변화 소식을 접하고 나는 바로 따라 하기로 마음먹었습니다. 내 블로그에 내 고객의 문제를 해결하는 콘텐츠 외에도 일상적인 모습을 담았습니다. 콘텐츠 크리에이터로 사는 모습을 보여주는 콘텐츠를 만들었습니다.

책을 여러 권 내고도 출판기념회 한 번도 못한 이야기
택시 기사님에게 책 쓰라 권한 이야기
매일 글을 쓰느라 물리치료사와 가까워진 이야기

기다렸다는 듯 '좋아요'와 댓글이 쏟아졌습니다. 콘텐츠사업 플랫폼에서는 어느 한 분야의 전문가로서 전문적인 조언을 다루는 것이 핵심이지만 단 하루도 빠짐없이 전문적인 내용 일색이라면 콘텐츠를 만드는 당신도 콘텐츠를 접하는 고객도 지치고 힘들 것입니다. 이때 일상콘텐츠를 구색에 맞게 갖추면 서로 한결 수월합니다. 그때그때 상황에 따라 전문적인 내용을 다루고 의도에 맞춰 소소한 팁을 다루고 하는 식으로 내용의 강약을 고려하는 것이 좋습니다. 주초에는 수월한 주제를, 주중에는 전문적인 주제를, 주말에는 주제를 벗어나지 않는 선에서 편한 내용을 다루면 오히려 콘텐츠 몰입도가 유지됩니다. 휴가 시즌이나 명절, 연휴와 같은 시기에는 고객의 컨디션에 맞춰 일상을 다루는 콘텐츠를 올립니다. 일상콘텐츠라 하더라도 당신의 원형콘텐츠 범위 안에서 토픽을 잡고 콘텐츠를 써야 합니다. 어떤 내용이라도 기승전—브랜드 메시지라야 합니다.

일상을 콘텐츠로 만들다 보면 사생활을 있는 그대로 생중계하거나 사적인 이야기를 많이 드러낼 우려가 있습니다. 지인과 우정을 나누는 소셜채널에서는 귀한 내용이지만 콘텐츠를 사고파는 플랫폼에서는 정크가 될 수 있습니다. 이럴 때 맞춤 프레임워크를 사용하면 의미 있고 균형감 있는, 내 고객이 돈을 내고 구매할 만한 캐시콘텐츠를 만들 수 있습니다.

돈이 되는 일상콘텐츠 3F포맷

구체적인 사건이나 일화에 내가 전하려는 메시지를 실어야 고객이 공감하는 콘텐츠를 만들 수 있습니다. 고객이 공유할 만한 콘텐츠를 만들도록 구성한 '사실Fact – 생각, 느낌reFlect – 의미, 가치 발견Find' 3F포맷을 소개합니다.

사실 Fact	일상과 경험, 글을 쓰게 된 계기가 되는 어떤 사실에 대해 이야기합니다.
생각, 느낌 reFlect	사실을 체험하며 가진 생각, 느낌을 다룹니다.
의미, 가치 발견Find	그 결과, 발견한 의미와 가치를 반영하여 메시지를 전달합니다.

내 블로그에 쓴 내용을 3F포맷에 맞춰 분해해볼까요?

사실Fact

정부기관에 강연자 등록을 했다. 직업란에 작가라고 썼다.

생각, 느낌reFlect

작가란 책을 내는 사람이지만 요즘에는 콘텐츠를 만드는 사람을 총칭한다. 나는 콘텐츠를 만들어 강연, 강의, 출판, 조언, 다양한 방식으로 말로든 글로든 대면이든 비대면이든 방법에 구애받지 않고 서비스한다. 나는 팔리는 콘텐츠를 만드는 작가임이 분명하다.

의미, 가치 발견Find

일이나 일상에서 체험한 것에서 콘텐츠를 만드는 사람, 경험한 것으로 평생 소득을 만들어내는 사람, 작가야말로 100세 시대에 오래 잘 사는 비결이라 생각한다.

체험에 생각과 느낌, 깨달음을 더해 3F포맷으로 구성하면 소소한 일상 체험이지만 내 고객에게는 의미 있는 콘텐츠로 재탄생합니다. 마지막 단계에서 드러낸 가치나 의미나 메시지는 당신이 허구한 날 외치는 당신이란 브랜드가 추구하는 메시지와 자연스럽게 연결되게 합니다. 3F 포맷은 각각 '관찰-성찰-통찰'의 '3찰포맷'이라 표현하기도 합니다.

순식간에 확산되는 바이러스 콘텐츠 비결

원래 최고의 마케팅은 입소문입니다. 돈이 들지 않으면서 영향력 면에서는 따라올 방법이 없지요. 온라인에서 입소문은 더욱 강력하여 바이러스처럼 순식간에 유포됩니다. 당신의 콘텐츠에 웹소문을 야기하는 바이러스를 이식해보세요. 콘텐츠를 만들 때 몇 가지 포인트를 조금만 신경 쓰면 입소문이 저절로 납니다.

인증샷 올리기 쉽게

내 콘텐츠를 소개하는 인증샷은 입소문 효자입니다. 하지만 텍스트가 빽빽한 콘텐츠는 인증샷으로 실격입니다. 소개하려는 이가 손수 내용을 정리하여 올려야 하는 수고를 요구하기 때문이지요. 그럴 필요가 없도록 콘텐츠를 만들 때 내용이 한눈에 쏙 들어오게끔 구성하면 인증샷으로 합격입니다.

핵심이 되는 내용을 뽑아 볼드체로 강조하기, 나열되는 내용은 한 줄로 간추려 번호 매기기, 과정을 소개하는 내용은 이미지로 만들기……. 이렇게 하면 누구라도 바로 사진 찍어 올리고 싶어집니다.

한눈에 보이게

무슨 내용인지 빨리 알 수 있어야 공유가 잘됩니다. 온라인 콘텐츠를 모니터나 스마트폰으로 볼 때는 다들 내용을 훑어보기만 합니다. 이 패턴을 F형이라고 하는데 이러한 읽기 패턴에 맞춰 한눈에 잘 보이도록 콘텐츠를 구성하면 공유가 빠릅니다. 문장은 가급적 짧게, 한 줄 20자 이내로 씁니다. 한 편의 글 덩어리를 주요 단락별로 내용을 세분화하여 중간중간 제목을 달면 내용 파악이 빨라 공유가 잘됩니다.

팁 박스 서비스하기

글밥이 많은 글은 공유가 잘 안 됩니다. 많은 분량의 글을 일일이 옮겨 써야 하고 잘 읽히지도 않기 때문입니다. 내용과 관련된 간단한 팁이나 구체적인 방법을 몇 가지 항목으로 정리한 팁 박스를 넣으면 웹소문에 그만입니다.

원포인트 미션

코로나19 팬데믹으로 집에 있는 시간이 길어지면서 '미라클 모닝'을 실천하는 사람이 많다고 합니다. 미라클 모닝이란 일과가 시작되기 전인 새벽 시간을 이용해 자신에게 도움이 되는 루틴을 반복하는 것을 말합니다. 이처럼 간단한 미션을 제시하면 확산이 정말 빠릅니다. 원포인트 미션은 말 그대로 단 하나의 미션을 간단하게 제안하여 원하는 결과를 얻게끔 유도합니다.

미션을 챌린지로

미션을 도전할 과제로 부각하면 온라인 공유가 빠릅니다. 나는 블로그에서 21일 매일 글쓰기 이벤트를 종종 엽니다. 글을 잘 쓰려면 글쓰기를 생활화하는 것이 필수입니다. 21일 매일 글쓰기 이벤트는 1일 1글쓰기 습관을 가지게 하는 미션입니다.

뉴스 활용하기

뉴스 속보나 온라인을 들끓게 하는 이슈가 발견되면 관련된 키워드를 포함하여 콘텐츠를 만듭니다. 프로야구 추신수 선수가 국내 야구단에 입단한 소식이 인터넷을 달구면 나는 '추신수 선수처럼 글쓰기'라는 식으로 콘텐츠를 만들어 올립니다. '정규 리그가 끝났는데도 코치를 찾아가 스윙 폼을 교정하는 추신수 선수에게서 프로의 태도를 배운다. 글을 잘 쓰려면 이런 태도가 필수다' 이런 내용이지요. 그러면 추신수 선수를 검색한 사람들에게 내 콘텐츠도 틀림없이 노출됩니다.

공유 욕구를 자극하는 실전 사례

내 블로그에는 이런 내용의 콘텐츠가 많습니다.

"나는 어떻게 단돈 1원도 쓰지 않고 콘텐츠사업을 했을까?"

이런 제목의 콘텐츠에는 내가 실제로 경험하고 배우고 행한 내용을 다룹니다. 처음에는 얼마나 서툴렀는지, 어떤 실수나 잘못을 했는지를 이실직고하면 생각보다 많은 사람들이 좋아합니다. 이 같은 사례형 콘텐츠는 독자로 하여금 나도 이 사람처럼 하면 될 것 같다는 자신감을 주고 도전 욕구를 자극합니다. 그러니 공유하고 싶은 욕구도 치솟습니다.

> ### 콘텐츠사업자의 비밀 병기
>
> 20대 중반의 나는 매일 새벽 한강을 건너 방송국으로 출근했습니다. 아침 7시부터 9시, 라디오 방송의 리포터로 주 5일 매일 15분가량의 정보를 리포팅 했습니다. 리포팅 원고 쓰기는 생각보다 만만치 않았습니다. 청취자가 좋아할 만한 아이디어를 뽑는 게 가장 힘든 부분이었지만 그날의 아이디어가 주어져도 첫 멘트를 쓰지 못해 한나절을 끙끙대는 날도 많았습니다. 그러던 중 경력이 오래된 구성 작가들과 친해지면서 그들만의 비밀 병기를 알게 되었고 그 후로는 원고 쓰기가 수월해졌습니다.
>
> 라디오 구성 작가의 비밀 병기란 대형 달력입니다. 라디오는 주로 생방송이고 구성 작가는 생방송답게 시의적절한 원고를 쓰는 것이

생명입니다. 그러려면 딱 그날과 관련된 이슈를 언급해야 하는데 그게 바로 기념일과 24절기를 끌어들이는 것입니다. 기념일과 절기가 빠짐없이 표시된 대형 달력을 손에 넣는 것이야말로 원고를 거의 다 쓴 것이나 다름없습니다. 대형 달력이라는 비밀 병기의 도움을 받으면 더욱 생생한 캐시콘텐츠를 만들 수 있습니다.

예를 들어 추석에는 '스티븐 킹은 추수감사절 아침에도 소설을 썼다'며 글쓰기 습관에 대해 이야기하고, 11월 22일은 내가 콘텐츠사업자로 출범한 이야기를 하며 콘텐츠사업을 제안하는 이야기를 합니다. 물론 어떤 힌트로 시작하든 모든 콘텐츠는 내가 의도한 것을 놓치지 않는, 내가 의도한 고객의 반응을 끌어내야 합니다.

100퍼센트 클릭! 매출로 직결되는 제목

〈곤도 마리에의 정리 기술이 왜 부모들에게는 소용이 없을까〉
〈곤도 마리에의 정리 기술이 부모들에게는 소용없는 진짜 이유〉

인터넷 신문 기사 제목입니다. 당신은 어떤 제목을 클릭하고 싶나요? 아마존이 소유하고 워런 버핏이 투자한 미국 신문 〈워싱턴포스트〉는 인터넷으로 서비스하는 기사에 2개의 제목을 답니다. 방문자를 두 집단으로 나눠 각각의 기사를 보여주고 이 가운데 더 잘 먹히는 것을 선택하여 모든 방문자에게 보여줍니다. 위의 경우, 18퍼센트나 많이 클릭된 아래 문장이 기사 제목으로 최종 결정되었습니다.

신문이나 잡지, 출판 같은 매체는 '제목 장사'라 불립니다. 인터넷으로 뉴스를 제공하고 지식을 서비스하는 모든 콘텐츠사업자, 소셜미디어도 제목 한 줄로 먹고삽니다. 눈에 보이는 한 줄만 먹히고 그렇게 선택받은 한 줄이 모든 것을 가져갑니다. 〈워싱턴포스트〉처럼 IT기술로 콘텐츠 제목을 테스트하여 정하는 것도 단 한 줄 제목으로 장사를 해야 하기 때문입니다.

클릭을 유도하는 제목

온라인에서는 콘텐츠가 읽히려면 클릭이 되어야 합니다. 그래야 공유되고 소문나고 콘텐츠사업도 가능합니다. 콘텐츠 제목은 콘텐츠와 따로 가는 것이 아니라 첫 한 줄로 인식해야 합니다. 첫 한 줄이 읽히지 않으면 둘째 줄도 열째 줄도 읽히지 않습니다. 클릭을 부르는 첫 한 줄, 콘텐츠 제목은 다음 3가지 요소를 충족해야 합니다.

① Catching 시선 낚기

온라인에서 분주하기 짝이 없는, 고객의 시선을 낚아채야 합니다. 단번에 시선을 낚는 미끼로는 키워드가 최고입니다. 검색엔진도 키워드 또는 키워드와 직접적인 관련이 있는 제목의 콘텐츠를 우선 검색합니다. 가능하다면 제목의 첫 단어가 키워드인 것이 가장 좋습니다.

② Buzzing 흥미 끌기

키워드만으로 클릭을 유도하기는 어렵습니다. 놀라움이라는 요소를 만들어 미끼를 물게 합니다. 믿을 수 없거나 충격적이거나 새롭거나 한 놀라움 요소는 미끼를 물고 싶은 욕구를 높입니다.

③ Teasing 챔질 하기

제목을 클릭하여 내용 전부를 읽고 싶도록 감질나게 합니다. 제목이 내용을 다 알려주면 클릭할 이유가 없습니다.

〈한국 최고 부자는 누굴까?〉

한국 최고 부자라는 키워드로 만든 인터넷 기사 제목입니다. 많은 사람들이 대충이라도 알고 있어 굳이 내용을 보고 싶지는 않을 것 같습니다.

〈한국 최고 부자 김정주 등극〉

어? 놀라움의 요소가 더해졌습니다. 하지만 클릭을 유발하기에는 아직 역부족입니다.

〈베이조스 세계 부자 1위, 한국 1위는 김정주〉

뜻밖으로 받아들여질 만하지만 제목이 내용을 다 알려주어 굳이 클릭할 이유가 없습니다.

〈이재용 아니네, 한국 최고 부자?〉

그러면 대체 누굴까요? 이재용 아니면? 반드시 클릭되는 제목의 요소-시선 낚기, 흥미 끌기, 챔질 하기-를 모두 갖춘 잘 만든 제목입니다.

클릭을 부르는 제목 아이디어

시선을 사로잡고 흥미를 끌고 챔질 가능한 콘텐츠는 아이디어 단계부터 남달라야 합니다. 100퍼센트 클릭하는 제목 만들기 콘텐츠 아이디어를 소개합니다.

① 어, 내 얘기잖아?

온라인에는 좋은 정보가 차고 넘치지만 고객에게 좋은 정보는 자신과 관련된 내용뿐입니다. 개인적 관련성이 높은 제목일 때 클릭에서 공유까지 순식간에 퍼집니다. 콘텐츠를 만들 때부터 콕 집어 한 사람을 겨냥하듯 씁니다.

〈콘텐츠사업에 필요한 절세 가이드〉

〈콘텐츠사업 창업에 필요한 절세 가이드〉

아래 제목이 더 많이 클릭됩니다. 창업 단계라고 콕 집어 표시했기 때문입니다. 여기에 '당신'이라는 지칭을 더하면

〈콘텐츠사업을 시작하는 당신을 위한 절세 가이드〉

〈종합소득세가 처음인 콘텐츠사업자를 위한 절세 가이드〉

아래 두 제목은 사람에게 초점을 맞추어 아, 내 얘기야 하게 만드는 요소가 더욱 강해졌습니다. 이렇게 독자의 폭을 좁히고 콕 집어 한 사람을 겨냥하면 내 콘텐츠가 읽힐 확률이 부쩍 높아집니다.

② 비틀어 강조하기

〈신혼부부를 위한 필수 혼수〉

이런 제목은 내용이 대충 짐작됩니다. 필수로 갖춰야 할 혼수 아이템이라는 게 대부분 거기서 거기일 테니까요. 하지만 하지 말라고 강조하면 궁금해지는 게 인지상정입니다. 그래서 같은 내용이라도 이런 아이디어가 더 잘 통합니다.

〈신혼부부가 반드시 후회하는 혼수 아이템〉

③ 이득보다 손실 강조하기

이득도 좋지만 손해는 무조건 피하는 것이 인지상정입니다. 같은 내용이라도 이득을 강조하는 것보다 손실을 피하는 쪽으로 콘텐츠를 만들면 저절로 100퍼센트 클릭되는 제목이 나옵니다.

〈두툼해진 뱃살⋯⋯ 빼려면 지켜야 할 습관〉
〈당신이 놓치고 있는 뱃살 빼기 습관〉

앞 문장보다 손실에 초점을 맞춘 아래 문장이 클릭될 확률이 높습니다. 콕 집어 너만 몰라! 하는데 손해를 외면할 사람은 많지 않습니다.

제목은 약속이고 내용은 약속의 확인입니다. 제목에 낚여 클릭했더라도 내용이 받쳐주지 않으면 콘텐츠로 의도한 반응을 끌어낼 수 없습니다. 흥미를 자극하여 클릭만 유도할 뿐인 콘텐츠는 콘텐츠사업에 좋을 리 없습니다. 제목에 약속한 것은 반드시 지켜야 하고 지키지 못할 약속은 하지 않는 것이 상책입니다.

반드시 읽히는 캐시콘텐츠 포맷

—

"관객에게 영화를 만든 감독의 의도를 최대한 잘 전달하려면 영화를 끝까지 보게 만들어야 한다."

봉준호 감독의 말입니다. 소셜채널 콘텐츠도 그렇습니다. 고객이 끝까지 읽어야 그 속에 담은 메시지와 조언이 고객에게 도달합니다. 그래야 고객에게 원하는 반응을 얻을 수 있습니다. 끝까지 읽히지 않으면 캐시콘텐츠가 아닙니다. 끝까지 읽는 콘텐츠를 만들려면 고객의 콘텐츠 소비 패턴을 알고 거기에 맞춥니다.

아직까지는 대세인 소셜채널 유튜브에서도 영상 한 편을 끝까지 보았는지에 대한 유무로 검색 순위를 결정합니다. 영상을 보는 시간이 너무 길면 끝까지 다 보는 사람이 적어 검색 순위가 낮아지고 노출 빈도도 낮아지고 자연히 인기가 떨어질 수밖에 없습니다. 이런 데이터를 토대로 전문가들은 유튜브 영상콘텐츠의 이상적인 길이는 3분 내외라고 주장합니다. 텍스트 콘텐츠도 끝까지 읽히려면 3분 이내에 읽을 수 있는 분량이라야 합니다. 성인의 읽기 속도는 분당 500자로 3분이면 1,500자입니다. 블로그에 게시하는 콘텐츠 분량은 이 정도가 최적입니다. 제한된 분량 안에서 핵심을 빠르게 전달하며 고객이 단번에 끝까지 읽도록 내용을 기획하고 구성해야 합니다.

123규칙, 가독성을 높이는 캐시콘텐츠 포맷

캐시콘텐츠는 맨 처음에는 텍스트로 만들고 이후 말이나 이미지, 영상 등 다양한 방식으로 활용합니다. 텍스트 버전을 제대로 만들어야 이후 가공이 수월합니다. 에세이 양식을 활용하면 전달 수단이나 방법에 관계없이 잘 통하는 콘텐츠를 만들 수 있습니다. 에세이란 우리가 알고 있는 '붓 가는 대로 쓰는 글'을 말하는 게 아니라 잘 읽히고 잘 통하여 오랫동안 널리 애용된 보편적인 산문 양식을 말합니다. 에세이 양식은 내용을 구성할 때 고객이 알고 싶어 하는 것 위주로 구조화한 틀입니다. 텍스트 콘텐츠는 물론 말이나 강연, 영상 등 어떤 방법으로 전하든 이 틀에만 담으면 전달과 이해가 빠릅니다. 말하자면 에세이는 어떤 내용이든 일리 있고 조리 있게 전달하는 컨테이너지요. 고객에게 전달할 내용을 쉽고 간편하게 1,500자 에세이에 담는 '123규칙'을 소개합니다.

에세이 포맷 123규칙

1번에 하나씩

2W1H 논리적 요소 완성하기
why(왜) what(무엇) how(어떻게)

3분 이내 3∼4단락으로 서술하기

---

① 1번에 하나씩

하나의 에세이에는 하나의 메시지만 전달합니다. 하나의 콘텐츠에 하나의 주제만을 담으라는 지침인 동시에 에세이를 구성하는 문장, 단락도 한 번에 하나씩만 메시지를 전달하라는 기준입니다. 한 번에 하나씩이라는 대원칙은 메시지를 빠르고 정확하게 전달하기 위해서입니다.

② 2W1H 논리적 요소 완성하기

잘 읽히는 에세이는 핵심을 빠르게 전달하여 의도한 반응을 빠르게 얻습니다. 핵심을 빠르게 전달하려면 논리 정연해야 합니다. 내용을 구성할 때 논리적 요소인 why(왜) what(무엇) how(어떻게)가 오류 없이 어우러져야 하는데 이 요소를 2W1H라 줄여 부릅니다.

③ 3분 이내 3~4단락으로 서술하기

다량의 정보로 인해 산만해진 고객에게 콘텐츠를 효과적으로 전달하려면 3분 이내에 끝내야 합니다. 1,500자 이내로 분량을 제한하여 콘텐츠를 만들면 중언부언, 횡설수설이 줄어들고 누락 없이 중복 없이 빠르게 전달되어 의도한 효과를 얻게 됩니다. 첫 문장 첫 단어부터 마지막 문장, 마침표까지 내용을 한 덩어리로 만들면 읽기가 불편합니다. 전체 내용을 3~4개 단락으로 나누고 단락마다 각각의 메시지를 담으면 고객이 더 빨리 읽고 더 빨리 이해합니다. 문장을 쓸 때는 주어, 술어, 목적어 등 문장성분을 빠짐없이 써야 합니다.

기본으로 90점 받는 콘텐츠 포맷

글이든 영상이든 끝까지 읽고 보려면 그러고 싶은 마음이 생겨야 합니다. 우선은 제목부터 끌려야 하고 내용 한 줄 한 줄이 솔깃하여 저절로 읽게 만들어야 합니다. 첫 줄부터 고객이 몰입하게 만드는 콘텐츠 포맷을 소개합니다. 누구나 뚝딱 만들어도 90점은 기본으로 받는 기특한 방법입니다.

쓰기도 읽기도 편한 목록형 콘텐츠

〈성공하는 사람들의 7가지 법칙〉

〈누구나 100퍼센트 성공하는 글쓰기 공식 3〉

이런 제목의 콘텐츠를 흔히 보았을 겁니다. 내용을 항목별로 구성하여 연결한 목록형 콘텐츠를 말합니다. 콘텐츠 주제에 맞게 내용을 모아 전달하는 목록형은 잘 차린 밥상처럼 먹을 게 많아 보여 환영받습니다. 내용을 항목별로 구분하여 읽기마저 편해서 어떤 독자든 참 좋아합니다. 목록형 콘텐츠는 항목별로 하나씩 간단히 쓰면 되니 글쓰기 부담도 적습니다. 정보든 사람이든 웹사이트든 책이든 영화든, 무엇이든 모아서 보여주기만 하면 됩니다.

〈죽기 전에 봐야 할 영화 100〉

〈책 쓰기 코치가 책을 읽는 방법 7〉

〈성수동 맛집 베스트코스 3〉

집중력, 설득력 높이는 목록형 콘텐츠 만들기

사람의 집중력은 8초에 불과하다고 합니다. 이 정도 집중력으로 3분 동안 1,500자를 읽기란 쉽지 않습니다. 목록형 콘텐츠는 항목별로 훑어

볼 수 있어 짧은 집중력에도 한 번에 하나씩 읽기에 그만입니다. 또한 제목에서부터 무슨 내용을 얼마나 읽으면 되는지 알 수 있어 독자가 부담 없이 읽기 시작합니다.

마법의 단어＋숫자＝목록형 콘텐츠

목록형 콘텐츠 공식입니다. 마법의 단어란 단어 자체가 궁금증을 자아내는 것으로 비결, 방법, 노하우와 같은 단어를 말합니다. 이 단어에 설명할 항목의 숫자를 더하면 목록형 콘텐츠가 완성됩니다. 참 쉽지요? 목록형 콘텐츠에서 항목 수는 정하기 나름이지만 3～7가지가 적당합니다. 이보다 많으면 집중력이 떨어지고 이보다 적으면 설득력이 떨어집니다. 목록형 콘텐츠는 콘텐츠 아이디어를 소개하기, 항목별로 설명하기, 결론짓기 순으로 구성합니다. 이토록 쉽게 만들 수 있는 목록형 콘텐츠는 제목에 형용사를 잘 골라 넣으면 더욱 많은 클릭을 유발할 수 있습니다.

〈콘텐츠사업이 워킹맘에게 좋은 이유 7〉
〈콘텐츠사업이 워킹맘에게 좋은 진짜 이유 7〉

먹통콘텐츠를 소통콘텐츠로 만드는 매직터치

읽히지 않는 콘텐츠는 돈이 되지 않습니다. 일상의 감상을 쏟아 내거나 알고 있는 것을 자랑하듯 쓰거나 검색만 하면 다 나오는 내용을 퍼 나르거나 나 이렇게 잘한다며 자랑하거나 하는 정크콘텐츠는 콘텐츠사업에 독소로 작용합니다. 독인 줄도 모르고 쓰는 먹통콘텐츠를 소통 잘되는 캐시콘텐츠로 만드는 간단한 마술 몇 가지를 소개합니다.

알림형 → 권유형

소셜채널에서 가장 흔한 것이 알림형 콘텐츠입니다. 이런 게 있어, 그러니 알아둬, 하는 내용 말입니다. 무엇을 보았네 무엇을 했네 하는 내용도 알림형에 속합니다. 콘텐츠를 만드는 사람에게는 나름 유용하고 가치 있는 것일지 몰라도 기껏해야 인사치레 '좋아요'를 얻는 게 전부입니다. 권유형 콘텐츠로 바꾸는 마법이 필요합니다. 알림형 콘텐츠가 일방적인 정보 전달이라면 권유형 콘텐츠는 '이런 좋은 것이 있으니 한 번 해보는 게 어떤가요?'라며 상대를 생각하는 마음까지 전달합니다.

"퇴직 후에도 매달 월급처럼 소득을 얻고 싶다면 좋아하는 일, 잘하는 일로 콘텐츠사업 하세요."

알리고 싶은 내용을 전하고 마는 게 아니라 대상을 특정하고 그의 흥미와 관심사에 부합하도록 가공합니다. 누구에게 왜 이 내용을 전하고 싶은지, 이 내용이 그 사람에게 어떤 가치를 제공하는지까지 포함하면 권유형 콘텐츠가 됩니다. 권유형 콘텐츠는 상대의 마음을 움직여 돈을 내고서라도 콘텐츠를 더 자세히 알고 싶도록 유혹합니다.

정답형 → 비법형

'고객을 위해서'라며 이런저런 내용을 챙기지만 고객도 이미 알고 있는 것이라면 어떻게 해야 할까요? 이런 참사는 고객의 입장을 헤아리지 않았기 때문에 일어납니다. 고객의 입장에서 그들이 알고 싶어 하는 것을 콘텐츠로 만듭니다.

〈강단에 설 때 긴장하지 않는 비법〉

직업이 강사인데도 강의할 때 극도로 긴장하는 사람이라면 이런 제목을 클릭할 것 같습니다. 그런데 내용을 보니 강단에 설 때 왜 긴장하는지에 대한 이유만 상세하게 써놓았다면요? 정작 어떻게 하면 긴장하지 않을 수 있는지, 알려준다는 비법은 없고 누구나 알 만한 방법만 잔뜩 늘어놓았다면요? 이럴 때 고객은 '낡았다'고 생각합니다. 고객이 읽고 싶었던 것은 '비법'이지 누구나 알고 있는 정답이 아니기 때문입니다.

자랑형 → 워너비형

'좋아요'만 쏟아지는 콘텐츠는 사업용으로 적합하지 않습니다. 좋아요 콘텐츠는 과시와 자랑인 경우가 많고 누구도 남의 자랑을 돈 내고 들으려 하지 않으니까 말입니다. 그런데 소셜채널을 운영하면서 자랑하고 과시하는 재미가 없으면 또 무슨 맛에 포스팅을 할까요? 캐시콘텐츠 고수는 자랑하기를 양보하지 않습니다. 우선 자랑합니다. 그리고 끝에서 자랑한 이유를 씁니다. 그 이유를 고객이 얻을 혜택과 연결합니다.

"내가 자랑을 왜 하는가 하면 ~할 때 ○○하면 좋다는 것을 알려주고 싶어서다."

"~할 때 ○○하려면 이렇게 하는 것이 좋을 것 같아서 자랑한다."

이런 문구로 자랑을 유의미한 이유와 연결하면 자랑도 어느새 돈이 되는 콘텐츠로 바뀝니다.

궁할 때 바로 쓰는 콘텐츠 아이디어

아파트 상가 마트는 대형마트와는 다른 장점이 있습니다. 필요할 때 곧장 달려갈 수 있으니까 말입니다. 그런데 마트가 툭 하면 문을 닫는다면요? 언제 열고 언제 닫는지 대중이 없다면요? 그 마트를 떠올릴 사람이 점점 줄어들 것입니다. 머지않아 문을 닫겠지요.

블로그도 딱 그렇습니다. 블로그에 매일 1편의 포스팅을 하는 것은 언제든 문을 열고 당신을 기다리는 마트처럼 고객을 맞이하기 위해 꼭 해야 할 일입니다. 최소한 매일 1편씩 새로운 포스트를 올려야만 고객은 블로그가 잘 운영되는 믿을 만한 곳이라 여깁니다.

그런데 콘텐츠 전문 작가가 아니라면 1일 1포스팅이 쉽지 않겠지요? 잘 쓰기는커녕 뭘 쓰지? 고민 하느라 시간과 에너지를 다 쓸 겁니다. 이런 불상사를 예방하려면 블로그를 정식 오픈하기 전에 많은 포스트를 올려놓고 여유분까지 많이 마련해두어야 합니다. 그래야 1일 1포스트 미션을 해낼 수 있습니다.

평소 예비 고객을 많이 만난다면 그 만남에서 포스트 주제를 거저 얻겠지만 아직 그 단계 전이라면 블로그 쓸거리 마련조차 급급할 것입니다. 필요할 때 바로 써 먹을 콘텐츠 아이디어를 소개합니다.

고객의 질문에서 아이디어 찾기

내 고객이 궁금해 하는 것을 콘텐츠로 만드는 것만큼 쉬운 방법도 없습니다. 고객에게 질문을 받으면 문제와 답을 엮어 한 편의 콘텐츠로 만듭니다. 나도 강연이나 강의, 워크숍 등에서 질문을 받으면 이를 메모해두었다가 하나하나 답을 마련하여 콘텐츠로 올립니다. 고객에게 직접 질문 받고 만든 것이라 다들 자신이 질문한 듯 좋아합니다. 댓글이나 이메일로 비슷한 질문을 받으면 해당 콘텐츠 페이지를 링크하는 것으로 답을 대신합니다. 사전에 정리한 답변이라 내용도 알찹니다.

질문을 수집하려면 예비 고객이 몰려 있는 커뮤니티 사이트에 가입하여 대화를 살펴보세요. 예를 들어 학부모가 타깃 고객이라면 맘카페가 유용합니다. 또 네이버 지식IN에 올라오는 관련 질문을 들여다보세요. 고객이 생생하게 표현하는 고민이나 어려움을 만날 수 있습니다. 당신의 고객이 될 만한 주위 사람을 지켜보세요. 그가 힘들어 하는 것을 살펴 질문으로 만듭니다.

안내콘텐츠 만들기 아이디어

당신이 하는 일과 콘텐츠 주제 설명하기

콘텐츠 주제에 관심을 갖게 된 계기

콘텐츠사업자로서 고객에게 전하는 약속, 다짐의 글

블로그 소개하기; 타이틀, 메뉴, 당부 사항

블로그 이용에 대한 당부의 말 전하기

고객이 가장 많이 묻는 질문과 그에 대한 나의 답변

소통콘텐츠 만들기 아이디어

핫라인 안내

강연 요청하는 법&강연 요청서

컨설팅 신청하는 법&컨설팅 신청서

원고 청탁하는 법&원고 청탁서

강연, 강의, 교육, 워크숍 안내 및 가격 메뉴 표

해결책 콘텐츠 전문가임을 강조하는 아이디어

현업에서 내가 가장 강조하는 것에 대한 이야기

내가 현업에서 찾은 의미와 가치에 관한 이야기

내가 하는 일을 좋아하는 이유에 관한 이야기

내 고객이 누구인가 설명하는 이야기

당신의 베스트 고객은 누구인가

당신의 첫 고객은 누구인가

당신의 놀라운 고객은 누구인가

고객에게 들은 뜻밖의 이야기가 있다면

고객에게 이런 변화를 끌어내고 싶다면

일을 하며 겪은 재미난 이야기

일을 하며 겪은 놀라운 이야기

일을 하며 겪은 눈물겨운 이야기

일을 하며 겪은 최고의 위기 이야기

일을 하며 고비를 넘긴 비결에 관한 이야기

이 업을 하는 사람으로 보내는 휴가

이 업을 하는 사람인 당신의 하루 일정

이 업에 대한 가족, 친구, 지인의 반응

내 일과 관련된, 내가 읽은 책 이야기

내 일과 관련된, 내가 본 영화 이야기

내 일과 관련된, 내가 본 TV 프로그램 이야기

커닝하기

운영이 잘되는 소셜채널이나 멘토로 삼고 싶은 이가 운영하는 소셜채널을 꼼꼼히 살펴 아이디어를 따라 하세요. 콘텐츠 생산 초보가 빠르게 성장하는 데는 이 방법이 최고입니다.

조회 수 최다, 운영자 소개 페이지 만들기

나는 2004년부터 블로그를 운영했습니다. 내 블로그에서 가장 조회 수가 많은 것은 어떤 콘텐츠일까요? 2007년부터 운영한 내 인터넷 카페에서 사람들이 가장 많이 본 페이지에는 어떤 내용이 있을까요?

내 블로그와 인터넷 카페에서 가장 클릭 수가 많은 콘텐츠는 단연 운영자 소개글입니다. 일반적으로 소셜채널에서 또 홈페이지에서 가장 많이 클릭되는 내용 또한 운영자를 소개하는 글입니다. 건축물을 떠받드는 주춧돌처럼 콘텐츠사업 플랫폼에서도 없어서는 안 되는 내용을 주춧돌 콘텐츠라 합니다. 주춧돌 콘텐츠는 방문자가 알아야 할 기본적인 내용으로 구성합니다. 그중 가장 핵심적인 것이 운영자 소개 페이지입니다. 블로그를 처음 찾은 고객이라면 누구나 블로그 운영자를 궁금해 할 테니까 말입니다. 구글이나 네이버에서 노출이 잘되게 하는 데도 텍스트 위주로 상세하고 친절하게 작성한 소개 페이지가 큰 몫을 합니다.

실명, 연락처, 얼굴 드러내기

30년간 강력계 형사로 근무하고 있는 이대우 경찰관이 운영하는 인터넷 카페에 접속하면 휴대폰 번호가 첫눈에 보입니다.

"경찰에 대한 오해를 풀겠다면서 인터넷 카페까지 운영하는데 막상 내 신원을 숨기는 건 좀 아닌 것 같더라. '억울한 일 있으면 언제든 전화하라'는 생각에 핸드폰 번호를 올렸다."

실제로 다양한 사연을 품은 전화가 꽤 걸려 온다고 합니다. 경찰이라 그런지 장난 전화는 없다고 합니다.

블로그에 올릴 소개글은 구글이 고품질 콘텐츠를 평가하는 기준인 전문성-권위-신뢰성을 가늠하기에 충분하도록 고객 입장에서 작성합니다.

운영자가 누구인지 정확히 알 수 있나?

연락처를 공개하는가?

연락처를 찾기 쉬운가?

해당 주제에 대해 신뢰할 만한 사람인가?

유용한 콘텐츠를 생산할 만큼 경험과 경력이 충분한가?

소개 페이지는 내용을 일목요연하게 정리하여 운영자가 어떤 사람인가를 빠르게 보여주어야 합니다. 페이지 디자인도 심플한 것이 좋습니다. 멀티미디어를 지원하면서도 광고로 인한 방해가 없는 블로그가 플랫폼으로 적당한 이유가 여기에 있습니다. 소개 페이지에 들어가야 할 내용으로는 다음과 같은 것이 있습니다.

① 이름+하는 일

이름과 함께 하는 일을 단적으로 표현한 한마디를 곁들입니다. 블로그를 닉네임으로 운영하더라도 소개글에서는 실명을 공개해야 고객을 안심시킬 수 있습니다.

콘텐츠사업을 코칭하며 꽤 자주 듣는 고민이 실명을 써야 하나, 연락처를 공개해야 하나, 얼굴을 드러내야 하나입니다. 나는 예비 고객에게 콘텐츠와 콘텐츠 제공자에 대한 신뢰를 제공하려면 실명, 연락처, 얼굴을 모두 공개해야 한다고 단호하게 답합니다. 나는 운영하는 소셜채널 블로그와 인터넷 카페, 인스타그램과 페이스북에도 실명과 연락처를 모두 공개합니다.

② 연락처

전화번호, 이메일 계정은 필수로 적습니다. 이메일은 개인적으로 사용하는 계정을 권합니다. 연락처는 블로그 첫 화면에서 바로 눈에 띄게 하면 신뢰도가 높아집니다.

③ 하는 일, 해온 일

무슨 일을 하는지에 대한 설명과 함께 그동안 해온 일이나 경험을 설명합니다. 블로그 주제와 관련된 내용을 추려서 최근 것부터 소개합니다.

④ 사회적 증거

당신이 해당 주제로 콘텐츠를 발신할 만한 사람인지 고객이 믿게 할 만한 내용입니다. 제3자의 추천사나 고객의 리뷰를 곁들이되 주례사처럼 칭찬 일색보다는 근거를 동반한 추천사가 효과적입니다. 책을 출판했다면 책 표지를 보여주고 판매 중인 인터넷 서점에서 해당 페이지를 가져와 링크합니다.

⑤ 얼굴 드러내기

얼굴을 드러내면 신뢰도가 훌쩍 올라갑니다. 소개 페이지에는 자연스런 표정이 돋보이는 인물 사진이 좋습니다. 포토샵으로 보정을 많이 한 사진은 위화감을 줄 수 있으니 주의해야 합니다.

⑥ SNS 계정

페이스북, 인스타그램, 트위터, 유튜브 계정을 링크합니다. 소개 페이지는 블로그 화면에서 잘 보이게 노출합니다.

내 콘텐츠를 좋아할 이유, 브랜드 스토리 만들기

나이키 창업자 필 나이트는 운동화를 팔지 않았습니다. 달리기에 대한 믿음을 보급합니다.

"나는 달리기를 믿었다. 사람들이 매일 몇 마일을 나가서 달리면 세상이 더 좋은 곳이 될 것이라고 믿었다."

방탄소년단 팬클럽 아미는 돈을 내고 음원과 공연을 구매하지만 실제로 그들이 산 것은 노래로 전하는 방탄소년단의 메시지입니다. 아미는 방탄소년단의 노래에 담긴 희망과 공감, 긍정을 구매합니다. 김미경 강사는 이러닝 프로그램을 판매하지만 고객은 공부로 꿈을 이루자는 김미경 강사의 메시지를 삽니다. 콘텐츠사업 코치로서 나는 '돈이 되는 콘텐츠' 만들기 노하우를 교육합니다. 하지만 내 고객들은 돈이 되는 콘텐츠로 만드는 평생 소득, 평생 현역의 가능성과 꿈을 구매합니다.

제품이든 서비스든 고만고만한 것이 차고 넘칠 때는 제품, 서비스를 만들고 제공하는 태도에서 차이가 납니다. 그 차이를 알게 하는 것도 콘텐츠가 해야 할 일 중의 하나입니다.

당신은 어떤 가치와 철학, 태도로 지금 그 일을 합니까? 이런 내용을 콘텐츠로 만들어 고객이 알게 하세요. 왜 그런 가치와 철학을 지니게 되었는지도 알려주세요. 당신의 장점, 당신의 특징, 당신의 경쟁력에 대해서도 고객에게 직접 설명하세요. 이렇게 하나하나 고객이 당신을 좋아할 수밖에 없는 이유를 만들고 알려주세요. 또 고객이 왜 당신에게서 콘텐츠를 구매해야 하는지도 설명하세요. 만일 자신 있게 대답하지 못한다면 다음 질문에 답을 해봅니다.

내가 하는 일에서 절대 양보할 수 없는 게 있다면?

절대 양보할 수 없는 것을 설명하면 그 일에 임하는 당신의 철학과 소신이 더욱 두드러지기 마련입니다. 돈이 되는 콘텐츠를 만드는 기술로써 글쓰기를 지도하며 내가 절대 양보하지 않는 것은 남들도 다 아는 뻔한 내용으로 글을 쓰면 안 된다는 것입니다. 그런 글은 써봤자 독자들이 읽지 않기 때문입니다. 읽지 않는 글은 영향력도 없습니다. 당신의 일에서 절대 양보하지 않는 것은 무엇인가요? 아직 답할 게 없다면 지금 생각해보세요. 그리고 그것을 절대 양보하지 마세요. 그리고 그것을 글로 써서 고객에게 보여주세요.

고객이 거절할 수 없는 매력 콘텐츠 만들기

고객이 거절할 수 없는, 당신만의 매력적인 이야기를 만들어볼까요? 내가 진행하는 책 쓰기 수업에서 사용하는 '내 책을 사야 하는 이유 만들기' 방법을 소개합니다. 이 방법은 미국의 유명한 작법 선생이자 할리우드 극본가인 도브잔스키에게서 배운 ABT 공식을 바탕으로 한 것인데 내 콘텐츠에 관한 매혹적인 이야기를 만드는 데도 그만입니다. ABT 공식으로 콘텐츠에 관한 핵심 이야기를 만들면 당신의 콘텐츠가 무엇에 관한 것이며, 유사한 것과 어떻게 왜 다른지가 단번에 드러납니다. 콘텐츠에 대한 당신의 신념과 콘텐츠가 가진 가치를 고객에게 빠르게 전달할 수 있습니다. 각 단계별로 제시하는 문장식을 따라 만들어보세요. 각 단계별로 나의 사례를 곁들입니다.

① 내 콘텐츠의 핵심 정리하기

내 콘텐츠만의 특장점은 ○○다.

○○를 제외하면 내 콘텐츠사업 분야인 □□□에서 의미 있는 것은 아무것도 없다.

예시) 쓸거리가 없으면(제외하면) 글쓰기에서 의미 있는 것은 아무것도 없다.

② ABT 공식으로 이야기 구축하기

And □□□에서 지금까지는 이러저러했다.

But ○○를 제외하면 □□□에서 의미 있는 것은 아무것도 없다.

Therefor 그러므로 이제 △△해야 한다.

예시) And 글쓰기 교육에서는 제목이나 문장 쓰기를 중심으로 한 표현 기술을 주로 가르쳤다.

But 그러나 쓸거리가 없으면(제외하면) 글쓰기에서 의미 있는 것은 아무 것도 없다.

Therefor 그러므로 글쓰기 교육을 제대로 하려면 쓸거리 만드는 방법부터 익히게 해야 한다.

③ 이야기 포스팅하기

ABT 공식으로 만든 이야기를 블로그에 포스팅합니다.

나는 『150년 하버드 글쓰기 비법』 책의 매력 포인트를 만들 때 이 공식을 활용했습니다. 또한 책, 강연, 코칭 등의 방법으로 콘텐츠를 팔 때 이 이야기를 동원하여 설득력을 높였습니다.

고객도 검색엔진도 좋아하는 FAQ 콘텐츠 만들기

자주 묻는 질문을 정리한 FAQ 콘텐츠는 만드는 수고에 비해 효과가 더 없이 좋은, 가성비 높은 콘텐츠입니다. 자주 묻는 질문, FAQ 페이지는 방문자가 궁금해 하는 내용을 집약한 것으로 방문자는 물론 운영자인 당신의 시간도 절약해줍니다. FAQ 페이지는 검색엔진에 노출되어 내가 목표한 고객이 나를 찾아오도록 만드는 데도 큰 역할을 합니다. 인터넷 기업 아마존에서는 동료나 고객에게 2번 이상 같은 질문을 받으면 문답으로 구성하여 공유하는 문화가 있다고 합니다. 또한 그들은 사업 아이템을 기획할 때부터 고객과 이해관계자를 위한 FAQ를 만듭니다.

내 블로그에도 내가 집중적으로 판매하는 콘텐츠 상품에 대한 FAQ 페이지가 있습니다. 해당 상품을 판매하는 콘텐츠를 만들 때 FAQ 페이지를 링크하면 아주 편합니다. FAQ 페이지는 콘텐츠 주제와 관련된 내용은 물론 고객이 콘텐츠를 구매할 때 자주 묻는 내용도 포함합니다. 콘텐츠를 구매하려면 어떻게 하면 되는지, 콘텐츠 비용은 얼마나 되는지, 어떤 방식으로 콘텐츠 서비스를 주고받는지를 미리 설명해두면 고객과 운영자 모두에게 요긴하게 사용됩니다.

고객이 실제로 묻는 내용 위주로 작성하기

FAQ 페이지는 고객이 이런 것을 궁금해 할 것이라는 추측에서가 아니라 실제로 고객이 궁금해 하고 묻는 내용으로 만듭니다. 그래야 고객이 실질적인 도움을 받고 검색엔진에서도 자주 노출이 됩니다.

내용은 자주 업데이트하기

FAQ 페이지의 내용은 정확해야 하며 수시로 점검하여 오류가 없게 합니다. 바뀐 전화번호나 주소를 그냥 두거나 링크 오류를 모르고 있는 일은 없어야 합니다. 이런 일은 신뢰를 크게 떨어뜨립니다.

카테고리별로 정리하기

질문이 많으면 고객이 해당 답변을 찾는 것이 쉽지 않습니다. 세부 항목으로 질문을 나누면 고객이 참고하기 쉽습니다.

직접 묻도록 유도하기

FAQ 페이지에서 직접 질문을 하도록 해당 글에 이메일 계정, 전화번호를 표시하면 고객의 생생한 질문을 수집하기 좋습니다.

고객의 행동을 바꾸는 스토리텔링의 힘
—

두 남자는 벼룩시장에서 1천 원 남짓한 가격의 물품을 10만 원어치 사들였습니다. 그들은 작가에게 부탁하여 물품 하나하나에 이야기를 붙였습니다. 그리고 경매 사이트에 올려 팔았는데 결과적으로 투자금 10만 원은 360만 원이 되었습니다. 그저 이야기 하나 덧붙였을 뿐인데 사람들은 30배나 넘는 가치를 부여했습니다. 미국 신문 〈뉴욕타임스〉의 칼럼니스트인 롭 워커와 작가 조슈아 글렌의 실제 이야기입니다. 그들은 특정 제품에 이야기를 부여하면 그것이 소비자에게 어떤 영향을 미칠지 살펴본 실험 결과를 이렇게 정리합니다.

"어떤 제품이든 제품 자체보다 그것과 관련된 이야기가 훨씬 중요하게 먹힌다."

TV 프로그램 〈신박한 정리〉에서 의뢰인의 공간 고민을 척척 해결한 이지영 님도 블로그에 정리 이야기를 써 올리는 것으로 셀프마케팅을 했습니다. 이런 경우, 보통은 공간 정리 전후를 비교하여 보여주는 것이 중심이지만 이지영 님은 그 공간에 얽힌 의뢰인의 이야기를 들려주었습니다. 이 이야기는 이지영 님을 '사람을 위해 집을 바꾸는 정리 전문가'로 기억하게 만들었고 경쟁 업체보다 돋보이게 했습니다.

듣고 싶어 하는 것을, 듣고 싶어 하는 방식으로

우리는 양파를 사더라도 누가 어떻게 농사를 짓고 키웠는지 이야기로 포장된 양파를 더 비싸게 삽니다. 소셜시대 비즈니스는 의자 하나도, 머그잔 하나도, 가족 여행지도 상품, 서비스 자체보다 그것에 관한 정보 즉, 콘텐츠에 좌우되고 콘텐츠는 이야기 능력으로 승패가 갈립니다.

이류는 광고를 하고 일류는 이야기를 만든다는 말이 있습니다. 콘텐츠사업은 광고조차 이야기로 만듭니다. 별것 아닌 것도 흥미진진하게 이야기하는 사람이 있고 특별한 것인데도 어쩐지 시들하게 이야기하는 사람이 있습니다. 전자는 원하는 방향으로 상대가 행동하게끔 영감을 주고 자극합니다. 콘텐츠사업자도 이래야 합니다. 콘텐츠는 이야기를 전달할 때 고객의 마음을 움직여 돈이 됩니다. 콘텐츠로 이야기한다는 것은 전하려는 내용을 이야기 구조로 바꾸어 전하는 것을 말합니다. 상대 입장에서 듣고 싶은 것을, 듣고 싶어 하는 방식으로 정리하는 것을 말합니다.

고객을 사로잡는 콘텐츠의 비밀

유튜버 대도서관 님은 인터넷으로 게임을 중계하여 돈을 많이 법니다. 하지만 그는 자신이 하는 일이 게임 중계방송이 아니라고 말합니다.

"제 방송은 수다 방송이에요. 실제로 게임하기 전 1시간가량은 대화를 나누는 데 사용해요."

자신의 성공 비결은 팔로워와 대화하기였다고 알려줍니다. 팔로워는 채널 운영자와 대화를 주고받으며 골수팬으로 바뀝니다. 팔로워가 1천 명 내외인 소셜채널이 종종 메가 인플루언서보다 광고주의 관심을 끄는 비결도 고객과 대화하며 개인적인 관계를 만들었기 때문입니다. 그렇다고 모든 팔로워와 1대1로 대화를 할 수는 없습니다. 고객이 한 편 한 편 콘텐츠를 읽을 때마다 콘텐츠 제공자인 당신과 대화하는 것처럼 느끼게 하는 것으로도 충분합니다. 조곤조곤 자분자분 대화하듯 글을 쓴다면 당신의 콘텐츠는 어느새 유혹 모드로 바뀝니다.

이야기하듯 조곤조곤 자분자분 쓰는 연습

온라인마케팅 전문가인 닉 파텔은 하나의 블로그 콘텐츠를 공식적인 어조와 대화체, 2가지 버전으로 만들어 테스트합니다. 콘텐츠를 끝까지 읽은 비율을 봤더니 대화체가 공식적인 어조로 만든 것에 비해 247퍼센트나 높았습니다. 콘텐츠를 읽는 데 들인 시간도 대화체 콘텐츠는 평균 4분 45초, 공식적인 어조는 1분 22초로 달랐습니다. 대화체 콘텐츠가 압도적으로 잘 읽힌다는 결론입니다. 고객이 콘텐츠를 읽는 데 들이는 시간은 콘텐츠 제공자와 대화하는 데 들인 시간이라고 봐도 무방합니다.

잘 읽히는 대화체 콘텐츠는 고객과 오래 대화하게 만듭니다. 대화체 콘텐츠는 편하게 대화를 끌어갑니다. 친근하고 이해를 돕기 위해 사례와 예시를 동원하고 더러 농담도 섞어 가며 콘텐츠를 만듭니다. 지금부터 대화체 콘텐츠를 만드는 방법을 살펴봅니다.

대화 상대를 정합니다

대화 상대가 없으면 대화가 되지 않습니다. 대화 상대부터 만들어야 합니다. 나는 그날의 대화 상대를 물색한 다음 그를 떠올리며 그날치 블로그를 씁니다. 블로그 주제를 떠올리게 한 사람이 대화 상대입니다. 그 사람과 마주 앉아 대화하듯 이렇게 내용을 만듭니다.

"이런 일이 있지 않나요? 이런 어려움이 있죠? 그 이유는 이래서인데요, 이렇게 한 번 해보세요."

대화 상대가 특정되면 콘텐츠 주제가 확실해지고 그 주제로 주거니 받거니 대화하듯 콘텐츠를 만듭니다. 제목도 ○○라고 질문하신 A님, ○○에 문의주신 B님 하는 식으로 콕 집어서 만들면 내용이 자연스럽게 대화체로 흐릅니다.

친근하고 유쾌하게 말합니다

같은 내용도 말투에 따라 다릅니다. 한국어는 특히 그렇지요.

"잘못된 정보를 입력하셨습니다. 다시 입력해주시기 바랍니다."

인터넷에서 일을 처리하다 보면 이런 멘트를 자주 만납니다. 어찌나 딱딱한지 혼나는 것 같습니다. 좀 더 자연스럽게 대화할 수 없을까요?

"어머나, 뭔가 잘못된 것 같아요. 다시 한 번 입력해주시겠어요?"

이렇게 표현하면 메시지를 충분히 전달하면서도 친근하고 유쾌한 느낌을 줍니다.

개인적인 이야기를 나눕니다

홈쇼핑 채널에서 쇼호스트가 하는 말을 듣고 있으면 가까운 지인과 수다 떠는 것 같습니다.

"물만 먹어도 살이 찌는 체질이라 다이어트 제품에 늘 관심이 많다, 아침잠이 많아 화장할 시간을 만드느라 고생한다, 시부모님과 함께 사느라 곰국 같은 기본 식재료를 상비한다……."

이런 이야기를 들으면 '어? 나도 그런데' 하며 동질감을 느끼고 쇼호스트와 친해진 것 같습니다. 대화에는 개인적인 이야기가 제격입니다. 콘텐츠를 만들 때 당신에 대해 이야기하세요. 물론 콘텐츠 주제와 관련된 예시나 사례에서 벗어난 신변잡기는 주의합니다.

질문을 활용합니다

우리의 뇌는 질문을 받으면 답을 생각한다고 합니다. 콘텐츠에 질문을 포함하여 고객을 대화에 끌어들일 수 있습니다.

"소셜미디어에 퍼스널브랜드 플랫폼을 만들면 콘텐츠사업을 시작하기에 수월하다."

대화체로 바꿔봅니다.

"소셜미디어에 콘텐츠를 생산하고 유통하는 플랫폼을 만들면 콘텐츠사업을 시작하기에 수월합니다. 지금 바로 시작하면 어떨까요?"

질문을 포함했더니 독자에게 권유하는 대화체로 바뀝니다. 콘텐츠의 시작과 마지막을 질문으로 만들면 고객은 내내 콘텐츠 안에서 당신과 대화를 나눕니다.

사례를 동원합니다

예를 들어 말하기는 팩트만 전달할 때보다 훨씬 큰 공감을 불러일으킵니다.

"최근 광고업계에 따르면 팔로워 100만 명을 확보한 메가 인플루언서도 실제 영향력은 그리 크지 않아 광고효과가 없다고 한다. 그래서 최근에는 고객과 1대1 소통이 가능한 나노 인플루언서에게 광고를 의뢰하는 경우가 급격하게 늘고 있다고 전한다."

이 문장은 팩트만 전달하는 공식체입니다. 여기에 사례를 곁들이면 고객의 감정선을 건드리는 대화체로 바뀝니다.

"최근 광고업계에 따르면 팔로워 100만 명을 확보한 메가 인플루언서도 실제 영향력은 그리 크지 않아 광고효과가 없다고 한다. 예를 들어 260만 명의 팔로워를 보유한 인스타그래머 아리아나 르네도 티셔츠 사업에 진출하려고 시도했지만 실제로 티셔츠를 사겠다고 밝힌 사람은 36명에 불과하여 프로젝트를 취소했다고 한다. 그래서 최근에는 고객과 1대1 소통이 가능한 나노 인플루언서에게 광고를 의뢰하는 경우가 급격하게 늘고 있다고 전한다."

'대화하듯' 쓴다는 것을 일상에서 말하듯 시시콜콜한 내용 전부를 글로 옮기는 것으로 오해하면 안 됩니다. 대화체는 녹음을 풀어내는 녹취록이 아니니까 말입니다. 의도에 맞게 꼭 필요한 말만 솎아 전달하기는 대화체 콘텐츠에서도 반드시 지켜야 할 소통의 룰입니다.

콘텐츠의 전문성-권위-신뢰성을 파괴하는 금기 3가지

—

전문성-권위-신뢰성은 콘텐츠사업자의 생명입니다. 캐시콘텐츠는 이 3요소를 포함하지만 블로그에서 콘텐츠를 어떻게 전달하느냐에 따라 이 3요소가 위협받기도 합니다.

당신의 블로그를 보세요. 포스트 한 편에 이미지를 몇 장 사용했나요? 요즘 이미지 하나에 글 한 줄 하는 식으로 여러 장의 이미지를 나열한 블로그 포스트를 흔히 봅니다. 요즘 독자들은 텍스트 위주의 글밥 많은 포스트를 좋아하지 않으니 이미지를 많이 사용할수록 좋다는 가이드라인이 소문나서 그런 듯합니다.

포스트를 작성할 때 1,500자나 되는 글 한 편을 설득력 있게 쓰기보다 이렇게 이미지로 채우는 편이 한결 쉽기도 합니다. 게다가 멋있어 보이기까지 하니 '이미지 하나+글 한 줄' 방식을 마다할 리 없습니다. 결론부터 말하면, 의미 없는 이미지 위주로 작성한 블로그 포스트는 콘텐츠사업에는 부적격입니다. 어쩌다 들른 방문자의 '좋아요'를 얻는 게 목적이라면 몰라도 골수팬을 만드는 데는 치명적입니다. 게다가 이미지에 따라 호불호가 강하고 이미지가 많으면 스크롤바를 계속 내려야 하는 불편도 상당하여 방문자의 만족도를 떨어뜨립니다.

필요한 정보를 검색하여 찾아온 예비 고객이 당신의 콘텐츠에 반하게 하려면 여러 가지 방법을 동원해야 하지만 예비 고객을 당신의 안티로 만드는 방법은 딱 3가지입니다.

고객을 귀찮게 만든다

블로그를 방문한 예비 고객에게 어떠한 불편함도 주면 안 됩니다. 글한 편을 하나의 덩어리로 만들거나 문장마다 줄 바꿈을 하거나 문장 길이를 한도 끝도 없이 늘어뜨리는 일은 방문자를 귀찮게 만드는 일이고 당신의 블로그에서 도망치게 만듭니다.

유용한 내용을 담았다 하더라도 블로그 페이지 바탕을 검은색으로 하거나 알아보기 힘든 글씨체, 너무 작거나 큰 글씨 크기도 역시 읽기 불편합니다. 텍스트를 중앙에 맞춰 정렬하는 것도 읽기에 많이 불편합니다. 고객이 내용을 읽지도 않고 도망갈 것 같은 불필요한 스타일 만들기에 시간을 낭비하지 않습니다.

콘텐츠를 성의 없이 만든다

다른 사이트를 링크하거나 다른 이가 만든 콘텐츠를 스크랩하는 습관은 콘텐츠의 전문성−권위−신뢰성을 어필하기 불가능합니다. 공유하고 싶은 콘텐츠가 있다면 긁어 붙이는 스크랩보다는 링크를 하되, 해당 내용의 핵심을 정리하고 내용을 공유하는 이유를 포함하여 한 편의 콘텐츠를 만들어야 합니다. 이 정도 성의는 콘텐츠사업자의 기본입니다.

식상한 이미지로 도배한다

이미지로 도배한 포스트는 내용에 상관없이 다 비슷해 보입니다. 공짜로 제공되는 이미지를 여기저기서 가져다 쓰기 때문이지요. 기껏 만든 콘텐츠가 뻔한 내용으로 오해받아 읽히지 않는다면 콘텐츠사업에 지장을 초래합니다. 공짜가 아니라 직접 촬영한 품질 좋은 이미지라 하더라도 본문 내용과 밀접한 연관성이 없다면 콘텐츠 집중도를 떨어뜨려 마찬가지 결과를 초래합니다.

FASTLANE

4 | 콘텐츠로 돈 벌기,
백종원식
최종 솔루션

CONTENTS

나는 참 행복한 사람입니다.

취미를 사업으로 만들고

그래서 돈도 벌고 즐거움도 느끼니까요.

무엇보다 내가 창업한 식당에서

내가 개발한 음식을 맛보며

만족해 하는 손님들을 보는 것은 큰 기쁨입니다.

백종원

마르지 않는 돈줄, 콘텐츠사업 파이프라인

그는 대학 때부터 '빡신'이라 불렸습니다. 쉼 없이 열심히 산다고 하여 붙은 별명이지요. 빡신은 대학 다닐 때 시도한 숱한 공모전 상금으로 혼수 준비까지 다 했을 정도라 '공모전의 여왕'이라 불리기도 했습니다. 이후 기획력이 핵심인 광고회사를 다녔고 지금은 퇴사하여 기획력을 가르치는 '기획스쿨'을 운영하고 있습니다. 박신영 님은 콘텐츠사업자로 사는 매력을 이렇게 한마디로 설명합니다.

"퇴사 이전보다 5분의 1정도 일하고 수입은 억대 연봉"

그는 기업 교육, 책으로 들어오는 인세, 교육 서비스 플랫폼을 통한 강의료 이렇게 3종류의 수입원을 가진 콘텐츠사업자입니다. 여기에 주말도 명절도 없이 일하다 육아를 겸하고도 시간을 자유롭게 쓸 수 있다는 것 또한 큰 매력이라고 말합니다.

김동조 님은 글 쓰는 트레이더/강사/작가입니다. 그는 증권사에서 일할 때부터 애널리스트가 쓴 보고서를 접하며 시장을 바라보는 남다른 관점을 가졌고 블로그에 올려 공유했습니다. 그가 블로그를 시작한 당시만 해도 금융시장을 분석한 유용한 콘텐츠가 많지 않아 방문자 수가 상당했다지요. 혼자 일하는 지금, 그는 블로그를 유료로 운영하는데 회원은 4천 명입니다. 투자에 관한 콘텐츠를 발행하여 구독료를 받고 콘텐츠를 모아 책을 만들어 팔고 또 강연으로 팝니다. 다양한 수입원을 가진 콘텐츠사업자의 전형입니다.

콘텐츠사업은 이렇듯 경험에서 추출한 지식을 콘텐츠로 만들어 온·오프라인 할 것 없이 팔고 그 결과로 경제적 시간적 자유를 누립니다. 주로 잘하는 것, 좋아하는 것을 콘텐츠로 만들어 파니 자아실현까지 가능합니다.

부자 전용차선 갈아타기

코로나19 바이러스가 온 세상을 공포로 몰아가던 2020년 봄, 바이러스를 피하느라 모두 숨죽이던 무렵 나는 직장인 대상 인터넷 강의 전문회사의 요청으로 영상 강의 제작에 돌입했습니다. 그동안 협업하자는 요청이 꽤 많았으나 따로 시간 내기가 어려워 미루고 미루다 이루어진 일이었습니다. 그동안 기업 요청으로 진행한 직장인을 위한 글쓰기 워크숍, 직무 연수 프로그램 중 효과가 좋았던 콘텐츠를 비대면 강의 환경에 맞게 손보아 인터넷 강의 대본을 만들었습니다. 인터넷 강의를 기획하고 제작, 유통하는 업체에서 프로듀서와 영상 촬영, 편집 전문가를 지원해주어 함께 작업했습니다. 콘텐츠가 만들어지자 업체에서는 판매, 마케팅까지 발 빠르게 움직였습니다. 방역에 신경 쓰느라 2배쯤 힘들게 촬영한 인터넷 강의는 한 달 남짓 만에 론칭되었습니다. 코로나19 팬데믹으로 재택근무며 업무 온라인화가 급격히 빨라지자 비대면 소통의 핵심인 글쓰기 능력 향상을 위한 직원 교육 수요가 급격하게 늘어 일정을 서둘렀다고 합니다. 이후 업체에서는 매월 콘텐츠 판매 수입 중 내 몫을 입금해 줍니다. 인세와 별개로 계약금까지 두둑이 받은 터라 코로나19 팬데믹으로 인해 줄어든 강의료 수입을 보전하기에 충분했습니다.

수익 모델별로 세분화한 4개의 판매 경로

콘텐츠사업의 수익은 경험에서 추출한 지식을 콘텐츠로 만들어 팔아서 생깁니다. 콘텐츠사업의 수익률은 여느 사업에 비해 훨씬 높습니다. 지식콘텐츠를 만드는 과정은 별도의 투자가 필요하지 않기 때문입니다. 콘텐츠는 크게 2가지 방법으로 팝니다. 유형이든 무형이든 제품화하여 파는 것과 개별 문제를 맞춤 해결하는 조언 형태의 솔루션 판매가 있습니다.

제품화 판매는 요리사가 알아서 초밥을 만들어 내주는 '오마카세'처럼 콘텐츠사업자가 사전에 상품화하고 프로그램으로 만들어 서비스하는 방식입니다. 책이나 워크북처럼 물성을 가진 것과 전자책, 이러닝, 오디오북, 애플리케이션, SNS, 인터넷 카페, 이메일 뉴스레터와 같은 디지털 버전이 있습니다.

컨설팅, 코칭, 카운슬링으로 제공되는 솔루션 판매는 고객이 해결하고 싶어 하는 문제에 맞춰 콘텐츠를 제공합니다. 콘텐츠사업의 2가지 수익 모델을 세분화하면 앞에서 설명한 것과 같이 강연으로 파는 상품군, 출판으로 파는 상품군, 교육으로 파는 상품군, 조언으로 파는 상품군 이렇게 4개의 판매 경로에 따른 상품군으로 구성됩니다. 편의상 상품군을 강/출/교/조 또는 영어 첫 글자를 연결하여 스핀SPIN이라 부르기도 합니다.

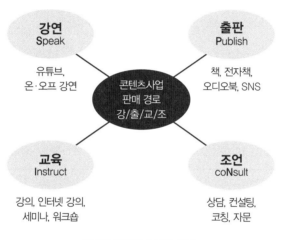

콘텐츠사업 판매 경로 SPIN

강/출/교/조를 통해 판매되는 콘텐츠는 블로그에 축적한 캐시콘텐츠를 해당 경로와 방식에 맞게 재구성하여 팝니다. 그러므로 콘텐츠사업 플랫폼인 블로그에 매일 1편씩 캐시콘텐츠를 만들어 게시했다면 콘텐츠사업용 상품 준비는 다 된 것이나 다름없습니다.

"잠자는 동안에도 돈이 들어오는 방법을 찾지 못하면 죽을 때까지 일해야 할 것이다."

　세계 최고의 부자이자 투자자인 워런 버핏의 말입니다. 그는 주식투자를 '잘' 하면 잠자는 동안에도 돈을 벌 수 있다고 합니다. 그런데 주식투자는 종잣돈이 있어야 하고 탁월한 투자 재능이 있어야 가능한 돈벌이지요. 콘텐츠사업은 종잣돈 없이도 당신이 잠자는 동안에 돈을 벌어 줍니다. 강/출/교/조, 무려 4개의 파이프라인에서 돈이 들어옵니다.

일하지 않고 콘텐츠로 돈 버는 시스템

전 세계 독자에게 '빠르게 부자 되는 공식'을 보급한 『부의 추월차선』의 저자 엠제이 드마코. 그는 일과 돈에서 해방되어 부자로 살려면 추월차선으로 갈아타야 한다고 강조합니다. 그 시작은 돈이 저절로 열리는 나무를 심는 것인데 엠제이 드마코는 5가지의 돈이 열리는 나무 씨앗을 제시합니다. 그중 유일하게 투자금 없이 가능한, 돈이 들지 않는 방법이 있습니다. 바로 콘텐츠사업입니다. 그는 사람들이 원하고 필요로 하는 유용한 콘텐츠를 만들어 파는, 일하지 않고도 돈이 들어오는 시스템을 만들라고 권합니다. 엠제이 드마코 역시 콘텐츠가 돈 버는 시스템을 만들어 일하지 않고 돈을 벌었다고 고백합니다. 그가 마련한 일하지 않고 콘텐츠로 돈 버는 시스템은 다음과 같은 것입니다.

　디지털 콘텐츠(PDF보고서, 유튜브 영상, 블로그, 팟캐스트, 강연 등)를 만들어 판다.

포럼을 만들어 회비를 받는다.

유통 채널을 통해 물리적 상품인 책을 판다.

유통 채널을 통해 디지털 상품인 전자책을 판다.

해외에서 책을 출간하도록 저작권을 빌려준다.

나도 엠제이 드마코처럼 콘텐츠 시스템을 갖추고 콘텐츠가 돈을 벌게 합니다. 나는 디지털 콘텐츠 가운데 인터넷 강의만 돈을 받고 나머지는 고객의 시간과 관심을 돈 대신 받습니다. 콘텐츠를 무료로 제공하면서 얻는 팬심이야말로 현금만큼의 영향력을 발휘합니다. 팬심으로 무장한 고객은 나의 다른 유료 콘텐츠를 자발적으로 구매하고 또 전도하기 때문입니다.

나는 '송숙희글쓰기캠프'라는 커뮤니티를 만들어 글쓰기를 연습할 온라인 공간과 프로그램을 제공합니다. 회비는 받지 않지만 고객의 시간과 관심을 투자받습니다.

나는 출판사를 통해 여러 권의 책을 출간하고 출판사는 유통 채널을 통해 책을 판매하여 나에게 인세를 지급합니다. 책을 팔아 번 돈 외에도 책을 출간하면서 해당 분야 최고 전문가라는 영향력을 확보했고 또 책 내용과 관련된 특강, 교육, 컨설팅을 의뢰받아 돈을 벌기에 출판을 통한 효과는 당신이 무엇을 상상하든 그 이상입니다. 또한 책으로 출간된 나의 콘텐츠는 전자책, 오디오북 등 디지털 상품으로 제작, 판매되고 해당 업체에서는 나에게 콘텐츠 이용료를 지급합니다. 엠제이 드마코처럼 내 책도 중국, 대만, 말레이시아까지 저작권을 수출하여 국제 거래에 따른 로열티를 받습니다.

여기에 더해 나는 엠제이 드마코가 언급하지 않은 솔루션 서비스로 더욱 튼실한 돈나무 열매를 땁니다. 코칭, 상담, 컨설팅 같은 방법으로 각각의 문제를 해결하고 방향을 제시하는 전략적 조언을 합니다. 맞춤 솔루션을 제공하는 서비스이니 수입이 제법 쏠쏠합니다. 여기에서 발생하는 노하우, 아이디어나 통찰은 콘텐츠로 재생산되어 블로그에 쌓입니다.

엠제이 드마코가 확신을 갖고 권유한, 콘텐츠로 돈 버는 시스템을 실제로 20년간 경험해보니 돈 들이지 않고 '부의 추월차선'으로 갈아타는 방법으로는 정말 안성맞춤입니다. 이러한 경험을 깨알같이 복기하여 정리하니 이 책 또한 그에 따른 부가가치를 생산해낼 것입니다.

콘텐츠를 비싸게 파는 절대 원칙 3

당신에게 조언을 청하는 어떤 사람이 대통령 당선인이라면 당신은 무료로 그에게 조언할 것이 분명합니다. 무료로 조언한 다음 "내 고객 중에는 대통령도 있다"며 홍보에 활용할 것이기 때문이지요. 하지만 훗날 영국 왕이 된 왕세제의 언어장애를 치료한 민간인 치료사 라이오넬 로그는 1년 2개월 동안의 치료비로 약 198파운드(오늘날의 화폐가치로 환산하면 9,000파운드, 한화로 약 1,600만 원 정도)를 청구합니다. 이 기간 동안

그는 고객이 사는 버킹엄궁전이 아니라 자신의 작은 아파트나 허름한 연구실에서 치료해야 한다고 고집합니다. '치료를 받는 사람과 하는 사람 사이에는 신분 차이가 존재할 수 없으며, 그래서는 치료 효과를 낼 수 없다'는 것이 그의 주장이었지요. 치료가 급한 왕세제는 치료사가 내거는 조건에 맞출 수밖에 없습니다.

이 사례는 고객이 해결하고 싶어 하는 문제를 당신만이 해결할 수 있다면 그 값은 당신이 받고 싶은 만큼 당신이 좋아하는 방식대로 받을 수 있다는 것을 보여줍니다. 라이오넬 로그처럼 당신의 콘텐츠를 최고로 비싸게 파는 절대 원칙 3가지를 소개합니다.

돈을 받고 파는 것이 당연하다

강연을 재능 기부로 부탁한다는 이메일을 종종 받습니다. 재능 기부란 "공짜로 해주세요"를 폼 나게 하는 말이지요. 짐짓 모른 척 이렇게 되묻습니다.

"강연료 예산은 얼마인가요?"

나의 재능에 기여한 적 없는 사람들이 왜 재능을 공짜로 달라는지 이해가 가지 않습니다. 내가 노력하여 얻은 재능이니 공짜든 수만금을 받든 그건 내가 정할 일입니다. 평소 가까이 지내는 지인의 회사에서 직무 연수를 요청 받더라도 나는 연수비를 깎아 주지 않습니다. 제값을 인정받지 못하는데 제 능력이 발휘될 리 없으니까 말이지요.

사업의 핵심은 판매입니다. 당신의 콘텐츠에 최적의 가격을 매기세요. 그리고 그 값에 파세요. 가격을 운운하기가 겁난다고요? 입이 떨어지지 않는다고요? 그러면 이렇게 물어보세요.

"예산이 얼마나 됩니까?"

콘텐츠 가격의 기준을 분명히 정한다

당신의 콘텐츠가 남들만큼의 수준이라면 그들만큼 값을 받습니다. 다른 사람들이 흉내 내지 못할 콘텐츠라면 당신이 원하는 만큼 받습니다. 내가 책 쓰기 코칭이라는 콘텐츠 상품을 처음 내놓았을 때, 이 분야의 원조였으므로 가격을 매기기가 어려웠습니다. 그래서 유료화를 미루기도 했습니다. 이런저런 시도 끝에 지금은 내 시간당 인건비를 산정하여 기준으로 삼습니다.

"시간당 보수×3배＋실제 경비 = 콘텐츠 가격"

원가계산이 불가능한 지식콘텐츠에 가격을 매기기란 쉽지 않습니다. 그래서 대부분 시간이라는 그릇에 담아 팝니다. 서비스 회사에서는 서비스 제공자의 시간당 보수에 3배가량을 서비스요금으로 책정하는 곳이 많습니다. 이 방법을 응용하면 당신의 콘텐츠 가격을 매기기 수월합니다. 당신이 받은 최근 연봉을 시급으로 환산한 금액에 3배를 곱하고 여기에 실제 경비를 더하면 이것이 당신의 콘텐츠 값입니다.

콘텐츠 가격은 그것을 고객이 받아들여 실제로 지불해야만 의미가 있습니다. 교육이나 조언 형태로 콘텐츠를 요청받으면 상황에 따라 가격을 조정하는 유연함도 필요합니다. 더러는 어느 곳에서 강연, 강의를 했다는 실적이 보수보다 더 중요하기 때문입니다. 나는 콘텐츠의 기본 가격을 정해 가격표를 만들었습니다. 그리고 블로그에 공개하였습니다. 강연이며 워크숍이 얼마냐고 물으면 대답 대신 해당 페이지 주소를 링크하는 것으로 대신하니 참 편리합니다.

공짜거나 최고가로 판다

내 블로그를 보고 돈이 될 만한 이런저런 사업을 제안하는 이가 꽤 많습니다.

"회원제를 도와드릴까요?" "구독 상품 만드세요." "유료로 이메일 뉴스레터를 도입하세요."

하지만 나는 블로그와 인터넷 카페에 모아둔 콘텐츠는 누구에게든 돈을 받지 않고 제공합니다. 그렇다고 공짜는 아닙니다. 디지털 시대 화폐나 다름없는 고객의 시간, 관심을 받으니까 말입니다. 이때 받는 고객의 시간과 관심은 고객의 팬심으로 환전할 수 있습니다. 팬심이 쌓이면 고객은 내 콘텐츠 상품을 묻지도 따지지도 않고 기꺼이 삽니다. 나는 이러한 콘텐츠 가격 전략을 프리미엄free-mium이라 부릅니다.

"공짜free이거나 최고가pre-mium이거나"

그럴듯하지 않나요?

학교나 기관, 기업에서는 강사료 기준이 있다며 그 기준에 맞게 강사료를 지급하겠다고 합니다. 그러면 나는 이렇게 맞불을 놓습니다.

"그러면 그 강연료 기준에 맞는 강사를 찾으세요."

제값을 쳐주지 않는 곳에 최고의 콘텐츠를 팔 이유는 없습니다. 상대가 마다하면 그 시간을 내가 사면 그만입니다. 나도 콘텐츠를 연구하고 개발하는 데 귀한 시간이 필요하니까 말입니다.

　콘텐츠사업을 오래 준비하고도 돈 받고 파는 일이 서툴러 유야무야 하는 사람들이 꽤 많습니다. 나도 무려 10년이나 머뭇거리다 유료화했습니다. 돈 받은 만큼 서비스가 가능할지 확신이 서지 않았습니다. 그래서 내가 시도한 것은 무료로 콘텐츠 서비스하기였습니다. 〈송숙희책쓰기교실〉 3개월 과정을 7년가량 무료로 진행하며 프로그램을 수정하고 보완했습니다. 이 기간 동안 프로그램을 능수능란하게 운영하는 방법을 익혔고 프로그램 자료도 매번 업그레이드하여 최상의 버전을 만들었습니다. 참여한 사람들의 개별 문제를 인식하고 해결하는 노하우도 익혔습니다. 이렇게 연습하고 훈련한 다음 프로그램을 유료화했습니다. 처음에는 아주 싼값에 프로그램을 팔았습니다. 싼값으로 진행하면 많은 사람들이 참여합니다. 덕분에 다양한 문제를 접하고 해결하는 방법을 체득했습니다. 이런 경험 끝에 이제 책 쓰기 과정은 제값을 받고 노련하게 진행합니다.

　초반 7년 동안 무료로 진행한 책 쓰기 교실은 공짜가 아니었습니다. 제약회사에서 신약을 개발하여 임상 테스트를 하듯 나 역시 그랬던 것입니다. 임상 테스트를 통해 경험을 쌓고 성과를 쌓고 또 프로그램을 수정 보완하여 완성도를 높일 수 있었기에 지금, 부담 없이 콘텐츠를 팔고 서비스합니다.

경쟁하지 않고 이기기, 이름 석 자로 돈 벌기

우리나라 변호사는 3만 명 정도인 데도 민사소송 1심은 70퍼센트, 형사소송 1심에서는 절반가량이 변호사를 선임하지 않는 '나홀로 소송'이라 합니다. 그래서인지 이런 내용의 인터넷 광고를 자주 봅니다.

10분에 3천 원 법률 상담. 온라인 채팅으로만 가능
민·형사사건 시간 무제한으로 상담; 상담료 5천 원

실제로 이 가격에 법률 서비스를 하겠다기보다는 제대로 된 사건을 수임하기 위한 프로모션입니다. 그런데 수임으로 이어지지 않는다면 이 변호사가 제공하는 지식의 가격은 시간당 3천 원, 5천 원으로 굳어지기 쉽습니다. 스스로 동네방네 떠들었으니까 말이지요. 전문적인 서비스를 중개하는 곳이나 판매 플랫폼에서 이런 식으로 홍보를 많이 합니다. 이런 곳에서는 가격을 가장 싸게 제공하는 곳만 살아남습니다.

남의 땅에 둥지 틀지 마세요

코로나19 팬데믹 이후 콘텐츠를 인터넷으로 팔아 돈을 벌자는 제안이 큰 인기를 끌고 있습니다. 인터넷 강의를 한 번 만들어두면 두고두고 돈벌이가 된다는 제안입니다. 과연 그럴까요?

콘텐츠를 파는 방법은 판매 시스템을 만들어 직접 관리하는 자체 판매, 콘텐츠 제작에서 판매까지 일괄 서비스하는 플랫폼에 들어가 파는 입점 판매가 있습니다. 입점 판매는 관련 서비스를 제공받는 만큼 콘텐츠 판매가 비교적 수월하지만 해당 업체의 기준과 매뉴얼을 따라야 합니다. 자체 판매는 이러한 통제로부터 자유롭지만 콘텐츠를 만드는 것도 파는 것도 직접 하는 만큼 일이 많습니다. 콘텐츠 경쟁력에 쏟을 시간과 에너지를 확보하기 어렵습니다.

결론부터 말하자면, 남의 땅에 당신의 둥지를 틀지 않습니다. 수조에 갇힌 물고기처럼 당신의 콘텐츠사업이 그들의 손에 좌지우지됩니다. 남의 땅, 남의 플랫폼에서 콘텐츠사업을 한다는 것은 대형마트나 온라인 쇼핑몰에 입점하는 격으로 살아남으려면 치열한 출혈경쟁을 피할 수 없습니다. 또한 이런 곳에서는 나와 결이 맞고 생각이 같은, 내 콘텐츠를 찾고 있던 고객이 아니라 가격이 유일한 선택 기준인 고객을 만납니다. 이런 고객에게 내 콘텐츠가 잘 먹힐 리 없습니다. 나는 이런 식으로 콘텐츠가 거래되는 곳을 경매시장이라 말합니다. 당신의 캐시콘텐츠를 경매시장에 팔지 마세요.

내가 콘텐츠사업을 20년씩이나 해오면서 잘한 일 중 하나가 경매시장을 외면한 것입니다. 경매시장에서 보내온 이런저런 제안을 거절한 것은 특별한 신념이나 계산이 있었던 것은 아니고 단지 남의 판에서 내가 좋아하는 일을 하기 싫었을 뿐입니다. 남이 깔아준 멍석 위에서 일하다가 어느 순간 멍석이 사라져버리던 때의 황망한 기억은 직장 생활이면 충분하다 생각했습니다.

승자독식, 브랜드 시장으로

경매시장의 반대편, 당신이 진입해야 할 곳은 브랜드 시장입니다. 핵심 능력으로 승부가 갈리는, 승자독식의 시장입니다. 고객의 문제를 자신만의 방법으로 해결할 수 있다면 고객이 원하는 것을 제공할 수 있다면 당신은 브랜드 시장에 저절로 진입합니다. 브랜드 시장에서 당신은 콘텐츠 가격이 아니라 콘텐츠가 주는 가치로 선택받습니다. 고객이 알아서 찾아와 당신의 콘텐츠를 알아서 사는 판매가 가능한 곳이 브랜드 시장입니다. 브랜드 시장에서 먹히면 경매시장에서도 우대받습니다. 당신이 캐시콘텐츠를 만들 수 있고 콘텐츠사업의 아지트인 블로그에서 예비 고객과 교류하여 그들을 골수팬으로 만든다면 당신은 이미 브랜드 시장에 존재합니다. 경매시장을 기웃거리거나 그곳에서 살아남을 궁리를 하는 대신, 고객을 더욱 매료할 콘텐츠를 만드는 일에 시간과 에너지를 쏟는 것이 훨씬 남는 장사입니다.

읽기만 하면 성공하는 대본 쓰기 노하우

코로나19 팬데믹을 겪으며 강연, 강의, 교육, 코칭 등 콘텐츠사업의 핵심 부문이 하루아침에 온라인화 되었습니다. 온라인으로 강의하고 세미나, 워크숍을 열고 코칭, 컨설팅 등 조언을 온라인으로 주고받는 상황은 이제 콘텐츠사업의 전제 조건이 되었습니다. 콘텐츠사업 영역의 거의 대부분이 비대면으로 바뀌면서 고객들이 앉은 자리에서 콘텐츠를 비교 검토할 수 있게 되었고 콘텐츠의 품질은 영향력이 더욱 커졌습니다. 이 말은 캐시콘텐츠를 만들 줄 안다면 온라인에서 콘텐츠 강자 되기가 훨씬 쉬워졌다는 뜻입니다.

돈이 되는 콘텐츠를 블로그에 올리며 콘텐츠에 반한 예비 고객으로부터 팬심을 받아온 당신이라면 온라인으로 콘텐츠사업을 진행하는 데 어려움이 없습니다. 왜냐하면 돈이 되는 영상콘텐츠라면 대본이 있어야 하고 대본은 글로 써야 하니까 말입니다. 블로그에 올려둔 캐시콘텐츠가 있으니 대본을 따로 쓸 필요 없이 블로그에 쓴 내용을 대본 삼아 영상을 찍으면 됩니다.

유튜브에 올리는 영상콘텐츠든 카드처럼 한 장 한 장 펼쳐지는 카드뉴스든 강연이든 워크숍이든 콘텐츠를 고객에게 전달할 때는 글로 쓴 1차 원고가 필수적으로 요구됩니다. 고객이 돈을 내고 구매하는 콘텐츠라면 더욱더 글로 쓴 1차 원고, 대본부터 만드는 성의가 필요합니다.

대본이 좌우하는 온라인 강연, 강의

나는 방송국 리포터로 일하며 방송 프로그램은 어떤 것이라도 대본 없이는 만들어지지 않는다는 것을 알게 되었습니다. 하다못해 아나운서가 시각을 고지하는 멘트를 할 때조차도 한 줄짜리 대본을 보며 진행한다는 것을 알게 되었습니다. 내가 진행하는 글쓰기 수업에는 유튜버도 많이 참석합니다. 그들의 증언에 따르면 유튜브뿐 아니라 강의나 강연, 인터넷 강의까지 말로 또는 영상으로 전달하는 콘텐츠에서 가장 중요한 것은 말솜씨가 아니라 글솜씨라고 합니다. 말하기에 자신이 없더라도 대본을 일리 있고 조리 있게 쓰면 누구라도 유튜브 채널을 유용하게 운영할 수 있다는 것입니다.

돈이 되는 콘텐츠는 마이크 앞에서 생각나는 대로 떠드는 수다로는 불가능합니다. 사전에 꼼꼼하게 대본을 만들어 카메라 앞에서 또는 청중 앞에서 그 내용을 읽어야 합니다. 그래야 콘텐츠가 의도한 대로 정확하게 전달됩니다. 대본 작성 노하우를 알아두면 스타 유튜버 되기도 그리 어렵지 않습니다.

읽기만 하면 유튜브 되는 대본 만들기 노하우

요즘에는 오디오나 영상콘텐츠를 주로 스마트폰으로 소비합니다. 그런 만큼 대본을 만들 때 고객이 콘텐츠에 집중하게끔 기획하고 구성해야 합니다. 그래야 영상을 끝까지 보게 할 수 있습니다. 유튜브 콘텐츠도 따로 만들 필요 없습니다. 블로그에 올려놓은 캐시콘텐츠를 가공하면 됩니다. 내용을 동영상 콘텐츠에 적합하게 재구성합니다. 잘 통하는 동영상 콘텐츠 대본은 제목/목표 등의 기획 부문과 오프닝/본론/클로징 세 단계의 본론 부문으로 구성합니다. 대본을 매번 이 두 부문으로 나누어 작성하면 당초 의도에 꼭 맞는 멋진 대본을 만들 수 있습니다.

콘텐츠 대본 만들기

영상콘텐츠에서도 제목은 전부이거나 전무입니다. 3장에서 안내한 대로 솔깃할 뿐더러 가치가 분명히 제안되는 제목을 만들어 고객을 유인합니다. 오프닝은 영상이 시작되면 곧바로 시청자의 주의를 사로잡을 수 있어야 합니다. 콘텐츠를 끝까지 시청할 경우 어떤 이득이 있는지 강조하는 것이 중요합니다. 그래야 영상이 끝날 때까지 고객을 잡아둘 수 있습니다. 오프닝에서 언급한 내용과 실제 콘텐츠 사이에 차이가 크거나 과장이 심하면 시청자가 속았다는 생각이 들 수 있으니 기대 효과와 핵심 내용이 일치하게끔 신경을 써야 합니다. 본론은 핵심 내용을 다룹니다. 의견 주장─이유 들기─예시 들기─구체적 방법 제안의 4단계로 구성된 오레오 공식으로 정리하면 수월하게 본론을 만들 수 있습니다. 클로징에서는 본론에서 다룬 핵심 내용을 한두 문장으로 정리한 다음, 시청자에게 원하는 반응을 요청합니다. 내용에 대해 더 알고 싶은 사람을 위해서는 SNS나 홈페이지에 실린 관련 자료를 바로 연결하고 개별적으로 문의하고 싶은 사람을 위해 이메일 주소를 표기합니다.

입에 붙어야 귀에도 붙는다

고객이 영상에 몰입하게 하려면 대본을 입에 붙게 써야 합니다. 대본은 눈이 아니라 말로 읽는 만큼 쓴 다음 소리 내어 읽는 과정을 꼭 거쳐야 합니다. 그래야 입에 붙는지 여부로 귀에 붙는지 테스트가 가능합니다. 소리 내서 읽으며 한 호흡에 읽히지 않거나 더듬는 부분은 반드시 고쳐 써야 합니다. 내용이 애매하거나 문장이 복잡하거나 표현이 엉켰다는 증거입니다. 내용을 한 번에 알아듣게 만드는 최고의 비결은 대사를 짧게 쓰는 것입니다. 대사가 길면 무조건 문장을 나누세요.

"고객이 영상에 몰입하게 하려면 들리는 내용이 귀에 붙게 대본을 쓰는 것이 중요한 데 제대로 쓰인 글은 읽을 때 거침이 없고, 거침없이 읽히는 글은 시청자의 귀에 착착 붙습니다."

이 글을 소리 내서 읽어보세요. 입에 잘 붙게 영상콘텐츠용 대본으로 바꿔봅니다.

"고객이 영상에 몰입하게 하려면 내용이 귀에 붙어야 합니다. 대본을 쓸 때 거침이 없어야 가능합니다. 거침없이 읽히는 글은 시청자의 귀에 착착 붙습니다."

다시 소리 내서 읽어보세요. 훨씬 잘 읽힐 겁니다. 한 호흡에 한 문장씩 읽도록 대본을 써야 합니다. 잘 읽히고 잘 들리는 대본은 알아듣기 쉬워야 합니다. 유튜브 등 영상콘텐츠는 다른 일을 하며 듣기만 하는 경우가 많습니다. 영상을 들여다보지 않더라도 무슨 내용인지 알아들을 수 있어야 합니다. 문장을 쓸 때 주어와 술어를 가까이 붙여 쓰면 잘 들립니다.

"콘텐츠사업자들이 온라인상에서 인정받으려면 콘텐츠 채널을 일관되게 운영해야 합니다."

이 문장에서 주어와 술어를 붙여 쓰면 이렇습니다.

"온라인상에서 인정받으려면 콘텐츠사업자들이 콘텐츠 채널을 일관되게 운영해야 합니다."

마지막으로 대본 문장은 발음하기 쉽게 써야 합니다. 말하는 사람 입에 붙지 않는 말은 듣는 사람 귀에도 붙지 않습니다. 발음하기 어려우면 대본을 읽는데 부담이 되고 메시지도 꼬입니다. 그러면 듣는 사람은 지루하다고 느껴 산만해집니다. 발음이 어려운 문장은 단어를 바꾸거나 삭제하여 쉽게 만듭니다.

콘텐츠사업의 킹핀, 콘텐츠가 저절로 팔리는 출판

앞에서 언급한 기획의 여왕, 박신영 님은 퇴사 후 바로 콘텐츠사업자로 잘나간 것은 아닙니다. 자신이 잘하는 일, 기획서 쓰기를 주제로 기업 강의를 준비했지만 결과는 실패했습니다. 기업 교육을 기획하는 사람들이 그녀의 존재를 알 리가 없기 때문입니다. 박신영 님은 강의안을 마련하여 기회가 닿을 때마다 강의했습니다. 처음에는 대상을 가리지 않고 강의했지만 점차 자신의 콘텐츠를 필요로 하는 사람으로 대상을 좁혔고 강의 내용도 그에 초점을 맞췄습니다. 이렇게 콘텐츠가 정비되자 책으로 출간합니다. 『기획의 정석』이란 제목으로 책이 나와 잘 팔리기 시작하면서 기업 교육 요청을 제대로 받게 됩니다. 광고나 마케팅 없이도 비즈니스 기회가 꾸준히 발생하는 것은 출간된 책이 그의 역량을 입증하고 보증하기 때문입니다.

『치슐랭 가이드』는 배달서비스 애플리케이션 '배달의 민족'에서 자체 선정한 119명의 치킨전문가가 만든 치킨 정보 책자입니다. 『Oh! My Green Table 우리를 위한 채소 집밥』은 식품기업 샘표에서 출간한 책으로 누구나 쉽고 맛있고 건강하게 채식을 즐길 수 있게 돕는 레시피

모음집입니다. 이 책들은 홍보용이 아니라 돈을 내고 살 만한 콘텐츠를 다룹니다. 첨단 기술을 탑재한 디지털 마케팅이 주류를 이루고 코로나 19 팬데믹 이후 기업이 속속 디지털 모드로 급전환하는 가운데서도 활자로 종이로 소비자와 소통하는 기업이 늘었습니다. 이런 작업을 출판 마케팅이라 하는데 브랜드를 홍보하고 그 과정에서 수익도 창출하는 더없이 영민한 콘텐츠 마케팅입니다. 책 출판은 당신의 콘텐츠를 마케팅하고 판매하는 가장 쉬운 방법이며 고객이 당신의 콘텐츠를 구매하는 가장 편한 방법입니다. 그러니 콘텐츠사업에 박차를 가하려면 당신의 책을 내야 합니다.

출판, 콘텐츠사업의 킹핀

콘텐츠를 책에 담아 파는 방법은 콘텐츠사업의 킹핀입니다. 나 역시 블로그에 써 모은 캐시콘텐츠를 책으로 출판하는 과정에 에너지를 집중합니다. 또한 콘텐츠사업 코칭을 할 때도 책 쓰기 중심의 3B 경로를 제안하고 지도합니다. 블로그에 써 모은 캐시콘텐츠를 하나의 아이디어로 엮어 책을 내면 콘텐츠를 팔아 돈을 버는 일 말고도 멋진 일이 저절로 일어납니다. 출판사의 투자를 받아 출간한 콘텐츠이니 만큼 강연, 강의, 전략적 조언 등 콘텐츠사업 기회가 저절로 따라붙습니다.

당신의 콘텐츠를 책으로 출간한다는 것은 콘텐츠사업에 필요한 골수팬, 거금 15,000원을 내고 책을 사서 읽느라 시간과 에너지를 투자하는 팬을 적어도 1천 명은 확보했다는 증거가 됩니다. 출판사에서는 아무리 적어도 1천 부 이상 팔릴 것 같다는 확신이 들어야만 책을 출간하기 때문입니다. 게다가 서점을 통해 고객이 사서 보는 콘텐츠, 책은 출판 분야 전문가들이 협업하여 만들어내기 때문에 당신의 콘텐츠는 최고의 완성도를 자랑합니다. 콘텐츠사업자로서 당신을 확고부동한 브랜드로 만들어줍니다. 그러므로 콘텐츠사업자에게 종이책 출간은 누구도 내 콘텐츠를 넘보지 못하게 하는 해자(垓子, moat)를 만드는 일입니다. 해자란 중세 시대에 적의 침입에 대비하여 성 밖 둘레를 파서 만든 연못으로 워런 버핏은 해자 없는 기업에는 투자하지 않는다며 다른 기업이 절대 넘볼 수 없는 경쟁력을 가지라고 조언했습니다.

출판으로 넘사벽 브랜드 구축하기

지식콘텐츠라는 무형의 상품을 팔기 때문에 선뜻 콘텐츠사업자로서의 능력, 실력, 콘텐츠 품질을 인정받기 어렵습니다. 이때 책의 저자로 책과 함께 검색되면 책의 존재감만큼 당신 분야의 최고 콘텐츠 전문가로 인정받을 수 있습니다.

당신의 책을 낸 출판사가 책 판매를 위해 서점, 인터넷 서점, 온라인에서 홍보 마케팅을 진행하면 당신은 돈이며 수고를 따로 들일 필요 없이 당신과 당신의 콘텐츠를 홍보할 수 있습니다. 제3자를 통한 홍보라 자체적인 광고나 마케팅보다 훨씬 결과가 좋습니다. 당신이 지역사회에서 활동하는 콘텐츠사업자라면 서둘러 책부터 냅니다. 단숨에 전국구 스타로 부각될 것입니다. 지역에 살면서 전국의 예비 고객과 관계를 맺고 유대를 쌓는데 책 출간만한 방법은 없습니다.

고객을 끌어들이는 초강력 자석 콘텐츠

단독주택 시공에 대해 한 건축회사에 문의를 했더니 〈단독주택 짓는 법〉에 관한 책자를 보내주었습니다. 내용이 충실하여 이런 제안을 했습니다.

"콘텐츠를 다듬어 출판하면 좋을 것 같다. 서점에서 사 보는 콘텐츠를 더 귀하게 여길 것이다."

콘텐츠사업자에게 출판은 나라는 개인을 브랜드로 어필하는 최고의 방법입니다. 고객이 당신을 잘 팔리는 책의 저자로 인식한다면 당신 콘텐츠의 신뢰성과 권위와 전문성은 저절로 부각됩니다. 출판은 콘텐츠로 나를 마케팅하는 동시에 콘텐츠를 유료로 파는 사업입니다. 이것이 내가 콘텐츠사업자 코칭을 '책 쓰기 코칭'이란 이름으로 진행하는 이유입니다.

콘텐츠를 책으로 팔면 얼마나 수지맞을까?

잘나가는 인터넷 회사를 매각하고 30대 젊은 나이에 은퇴한 뒤 그는 과거로 돌아가 부자가 되려고 끊임없이 몸부림치던 더 젊은 시절의 자신에게 멋진 말을 해주고 싶습니다. 책 쓰기라는 방법을 택해 3년 동안 담아낸 조언은 출판 전문가들의 냉대를 받습니다. 그는 자기 비용을 들여 책을 출간하고 한 부 한 부 직접 팝니다. 책을 많이 팔기 위해 어떤 활동도 하지 않았고 주류 언론의 관심도 받지 못했으며 소셜미디어에서도 다들 모른 척합니다. 그런데 독자는 책을 알아봅니다. 책에 담긴 말이 자신에게 하는 것이라 여긴 독자들 덕분에 책은 순식간에 수만 권, 수십만 권이 팔렸고 마침내 미국을 넘어 한국, 일본, 이탈리아 등지로 팔려 나갔습니다. 이 책이 바로 『부의 추월차선』입니다. 87년생 흙수저 출신의 엠제이 드마코는 이 책에서 콘텐츠사업을 돈이 자동으로 열리는 나무라고 소개합니다.

　책을 읽는 사람도 사는 사람도 급격하게 줄어드는 마당에 책을 내는 사람은 자꾸 늡니다. 책을 내면 콘텐츠사업 기회가 놀랄 정도로 열리기 때문이며 콘텐츠를 쉽게 많이 팔 수 있기 때문입니다. 콘텐츠를 책에 담아 팔면 얼마나 수지맞는지 알아볼까요?

책이 팔리는 만큼 들어오는 돈

책이 팔리면 권당 얼마씩 수익을 배분받습니다. 15,000원짜리 책을 인세 10퍼센트로 계약하면 1만 부가 팔릴 경우 1,500만 원, 10만 부가 팔리면 1억5천 만 원의 돈을 법니다. 이 돈은 3.3퍼센트의 세금을 공제하고 내 통장에 입금됩니다. 돈이 입금되기까지 내가 할 일은 원고를 써서 출판사에 보내는 것이 전부입니다. 원고를 다듬어 책을 만들고 유통하고 마케팅하여 책을 파는데 드는 모든 비용은 출판사가 냅니다.

해외 수출, 파생상품으로 버는 돈

출판사는 책을 내기 위해 다듬은 콘텐츠를 전자책, 오디오북 등 파생상품으로 만들어 팔고 팔린 만큼 수익을 배분합니다. 다른 나라 출판사에서 내 콘텐츠를 원하면 판권을 팔아 돈을 법니다. 파생상품, 해외 수출을 위해 저자가 하는 일은 딱 하나, 해외 출판사로부터 오퍼를 받은 출판사가 '해외로 수출할까요?' 하고 물으면 '합시다' 하고 승낙하는 것뿐입니다.

강연, 강의로 버는 돈

책을 내면 일약 그 방면 전문가로 인정받습니다. 그러면 강연, 강의 요청이 들어옵니다. 요즘에는 인터넷 강의 요청이 많습니다. 공기업, 민간 기업, 정부조직, 학교 같은 곳에서 교육 요청도 받습니다. 대규모로 진행되는 영상 강의를 진행하면 한 번에 많은 강의료를 받습니다. 강연, 강의 내용을 촬영하여 주문형 콘텐츠로도 팔 수 있습니다.

콘텐츠를 1대1로 전수하여 버는 돈

개인에게 1대1 또는 그룹으로 책에 담은 노하우를 전수합니다. 주로 코칭, 상담, 컨설팅 형태로 열리며 단위당 수입이 가장 많습니다.

조언, 자문으로 버는 돈

책이 팔리면 기업이나 기관이 조언과 자문을 청합니다. 무슨 무슨 회의에도 참석해 달라 요청받습니다. 거마비, 상담료, 조언료로 돈이 들어옵니다. 이런 활동 경력은 콘텐츠 제공자로서 경쟁력을 높입니다.

명함을 대신하는 책

자영업이나 1인 기업, 프리랜서로 일하면 명함이 조촐합니다. 책을 내면 이런 명함이 필요 없습니다. 내가 무슨 일을 하는 누구인지 구구절절 밝히지 않아도 됩니다. 미팅을 할 때도 책을 낸 전문가라는 상대의 신뢰를 받으며 들어갑니다. 이것은 돈으로 계산할 수 없는 수입입니다.

SNS, 유튜브 후광효과

책을 내면 여러 소셜채널에서 책과 저자인 나를 소개합니다. 소셜채널러들이 자발적으로 하는 일이라 비용이 들지 않고 제3자를 통한 홍보라 효과가 좋습니다. 많은 이들이 동시다발적으로 소개하기 때문에 고객에게 발견되기 쉽습니다. 이 또한 값을 헤아릴 수 없습니다.

겸임 교수 등 직업 전환의 기회

책을 내면 대학에서 전문성을 인정하여 겸임 교수 등으로 초빙합니다. 기업에서 전문가로 특채하기도 합니다. 책 한 권 썼을 뿐인데 직업 전환의 기회까지 생깁니다.

단숨에 흥행을 부르는 치트키 만들기

—

책 출판은 콘텐츠사업의 치트키입니다. 책을 내는 것만으로도 돈 들이지 않고 콘텐츠를 마케팅하고 다른 판매 기회까지 연결됩니다. 이것이 온라인 영상으로 시장을 석권한 유튜브 스타들과 사교육 시장의 1타 강사까지 콘텐츠 고수들이 책 출간을 병행하는 이유입니다. 책으로 담아낸 콘텐츠는 지식재산권으로 보장 받을 수 있으니 책 출간이 콘텐츠 사업을 좌우한다 해도 과장이 아닙니다.

책을 내기로 마음먹은 대부분의 초보 저자는 아이디어와 내용을 기획하고 글로 써야 하는 힘든 과정을 하나하나 겪어야 합니다. 하지만 당신은 블로그에 캐시콘텐츠를 차곡차곡 쟁여 놓았으니 책이라는 컨테이너에 맞게 콘텐츠를 가공하기만 하면 되므로 어려울 게 없습니다. 출판을 위해 당신이 해야 할 일은 출판 방식을 정하는 것입니다.

내 돈 내 책 vs 남 돈 내 책

책을 내는 방법은 종이책으로 내기, 전자책 등 디지털로 내기, 출판사에서 내기, 출판사를 차려서 내기, 출판사에 맡겨서 내기 등 다양하지만 정리하면 딱 2가지입니다. '내 돈 내 책', 내 돈으로 내 책 만들기와 '남 돈 내 책', 남의 돈으로 내 책 만들기입니다. 이 두 방식을 가르는 기준은 비용인데 출판사에서 말하는 책 한 권당 평균 제작비용은 2천 만 원 정도입니다.

'내 돈 내 책'은 내 콘텐츠를 내가 직접 출판하는 방식으로 출판사를 아웃소싱하거나 출판사를 차려서 책을 냅니다. 책을 만들고 파는데 드는 모든 비용을 내가 낸다 하여 자비출판이라 합니다. '남 돈 내 책'은 출판사가 돈 들여 내 책을 만드는 방식으로 저자는 콘텐츠를, 출판사는 그 콘텐츠로 책을 만들어 파는 일을 분담합니다. 전형적인 출판 비즈니스 방식으로 상업출판 또는 전통출판이라 부릅니다. 내 돈으로 내 책을 내면 거치적거릴 게 없습니다. 내용도 책의 품질도 내 마음대로 결정하고 실행할 수 있습니다. 반면 남의 돈으로 내 책을 내면 처음부터 끝까지 아무것도 마음대로 할 수 없습니다. 출판사에서 내 콘텐츠를 선택해주어야 하고 책을 만들어 파는 일에도 돈 낸 측의 입김이 셀 수밖에 없습니다.

내 돈 내 책 VS **남 돈 내 책**

내 돈으로 내 책 출간하기   남의 돈으로 내 책 출간하기

자비출판   **상업출판**

책을 출간하는 2가지 방식

팔리지 않으면 기회가 없다

어떤 방식으로 책을 내든 장단점이 분명하니 선택하기 나름이지만 어떤 방식이든 '잘 팔리는 책'이라는 결과를 만들어야 합니다. 앞에서 언급한, 책 출간이 만들어낸 기적 같은 일은 단지 책 한 권 냈다고 가능한 것이 아니라 책이 나와 잘 팔릴 경우에만 해당되기 때문입니다.

잘 팔리는 책이란 판매가 잘되는 책이며 저자의 이름값을 높여 저자가 잘나가게 만드는 책을 말합니다. 콘텐츠사업자에게 이렇게 효자 노릇을 하는 출판을, 이런 대단한 일을, 책을 써본 적도 없고 출판도 해본 적 없는 사람이 혼자 해내기란 거의 불가능합니다. '내 돈 내 책' 즉, 자비출판으로는 어림없는 일입니다. 자비출판에는 출판사를 아웃소싱하는 방식과 아예 출판사를 차려 책을 내는 방식이 있습니다. 내 돈으로 책을 내지만 전자는 출판사의 이름으로 책을 내고 후자는 독립출판

이라 불리며 저자도 출판사도 같은 이름입니다. 책을 한 번도 내 본 적 없으면서 출판사를 직접 차려 책을 출간하고 파는 일까지 직접 하는 것은 결코 쉽지 않습니다. 잘 팔리는 책이라는 결과를 내기도 어렵습니다.

잘 팔리는 책을 내려면 책을 잘 만들고 잘 팔 줄 아는 전문가, 자본을 갖춘 출판사와 협업하는 것이 가장 이상적입니다. 출판사의 투자를 끌어내고 협업하는 상업출판이 가치 있는 것은 당신의 콘텐츠가 세일즈 파워를 갖췄다는 것을 증명하기 때문입니다. 출판사가 적지 않은 비용을 들여 책을 내겠다고 할 때는 책을 팔아 비용을 충당하고 이익을 낼 수 있을 것이라 자신하기 때문이므로 이는 돈을 내고 당신의 콘텐츠를 구매할 고객이 적지 않다는 것을 출판사가 확신한다는 결과입니다.

남의 돈, 출판사의 돈으로 내 책을 출간하는 상업출판에서는 책 제작에 대한 모든 과정은 출판사가 책임지고 진행합니다. 출판사에 포진한 편집자, 디자이너, 마케터, 유통 담당 등 전문 인력이 당신이 만든 원고를 잘 읽히도록 편집하고 제작하고 유통하고 팝니다. 내 돈으로 내 책을 내는 자비출판에서는 책 제작에 관한 모든 책임을 저자인 당신이 져야 하고 투자금까지 전액 또는 상당 부분 부담해야 합니다. 결과에 대한 책임도 전적으로 당신 몫입니다. 자비출판은 출판에 문외한인 아마추어가 프로 경기에서 시합하는 것과 같습니다. 그래서 자비출판으로 성공한 사례를 찾기가 어렵습니다. 간혹 자비출판으로 성공한 책을 보면 상업출판으로 출판했으면 얼마나 더 잘 팔렸을까 하는 아쉬움이 듭니다.

자비출판으로 베스트셀러 만들기

나는 책 쓰기를 코칭할 때 잘 팔리는 책을 쓰고 잘 팔리는 방식으로 책을 내라 권합니다. 책이 잘 팔리려면 노출이 잘되어 독자의 눈에 자주 띄어야 하는데 이 과정은 출판 경험 없는 초보 저자 혼자만으로는 불가능합니다. 책이 팔리지 않으면 콘텐츠사업의 기회가 저절로 발생하는 기적도 일어나지 않습니다. 이런 이유로 상업출판을 권합니다. 당신은 원고를 만들고 출판사는 책을 만들어 파는 일을 전담하면 구글이 인정하는 '전문성-권위-신뢰성'을 갖춘 출간이 가능합니다.

이런 이유로 상업출판을 권하는 것이지 '자비출판 절대 하지마라'는 아닙니다. 자신의 콘텐츠를 확신하고 콘텐츠로 책을 만드는 일에 2천만 원을 기꺼이 투자할 생각이 있고 책을 잘 팔아 수익을 내고 비즈니스 기회를 만들 자신이 있다면 자비출판도 좋습니다. 남의 선택에 의존하거나 눈치를 보지 않는 가장 빠른 길이니까요. 실제 자비출판으로 세상에 책을 내놓았다가 대형 출판사를 통해 다시 출판되어 빅히트를 기록한 책도 많습니다.

캐시콘텐츠를 만들 수 있고 많은 독자를 유혹하는 아이디어로 콘텐츠를 엮는 기획력이 뒷받침된다면, 출판 전 공정에 대한 감각과 안목이 있다면 자비출판도 성공할 수 있습니다. 혼자 이 많은 것을 감당하기 버겁다면 잘 팔리는 책 만들기를 함께 해줄 유능한 전문가에게 도움을 청하는 것도 자비출판을 베스트셀러로 만드는 빠른 길입니다.

단숨에 저자 되는 신데렐라 익스프레스

나는 20여 권의 책을 낸 콘텐츠 작가이면서 콘텐츠 작가를 양성하기도 합니다. 콘텐츠사업의 치트키를 만드는 책 쓰기 수업을 진행하여 많은 사람들이 책을 내고 콘텐츠사업에 직행하도록 돕습니다. 그들은 자신만의 전용차선을 달리며 잘 살고 있습니다. 이런 경험으로 증언하건대, 단연코 책은 핵무기입니다. 핵무기답게 책은, 단숨에 온 세상이 당신이 가진 능력과 당신의 가치를 알아차리게 합니다. 당신이란 사람을 해당 분야 최고의 전문가로 발탁하고 당신의 콘텐츠사업에 스핀을 걸어 저절로 팔리게 합니다. 책은 진짜 핵무기가 맞습니다. 책에 드러난 당신의 능력이 얼마나 형편없는지도 단번에 폭로하니까 말입니다. 그래서 나는 한사코, 상업출판을 권합니다. 출판사의 긍정적인 평가를 얻어 잘 팔리는 책을 출간할 때 그 책은 '좋은' 핵무기가 되기 때문입니다!

책을 내고 싶은데 어떻게 준비해야 할까요?

하루에도 서너 차례 받는 질문입니다. 책 출판은 책 원고를 만드는 저자 단계, 그 원고를 책으로 만들어 유통하는 출판사 단계, 마지막으로 책이 독자에게 전달되는 서점 단계로 나눕니다. 상업출판의 경우, 저자인 당신은 원고를 만들어 출판사에 전달하는 것으로 끝입니다. 물론 출판사가 책을 잘 만들고 잘 팔도록 적극적으로 거들어야 합니다.

"출판사 편집자는 자기를 감동시킨 작가의 원고를 세상에 선보이며 무명작가를 유명작가로, 마이너를 메이저로 만들어낸다."

일본 유명 출판사 겐토샤 사장인 겐조 도루의 말입니다. 책을 여러 권 낸 저자로서, 책 쓰기 코치로서 듣기에 정말 맞는 말입니다.

　출판사의 핵심 인재 편집자는 지금까지 없던 다이아몬드 원석을 발굴하여 세심하게 공들여 가공한 뒤 아주 비싸게 파는 일을 합니다. 어느 유력한 출판사 편집자가 당신이 쓴 원고에서 가능성을 발견하면 당신은 아주 비싸게 팔릴 일만 남습니다. 당신이 쓴 좀 미진한 원고도 편집진에 의해 보충되고 보완되어 근사한 '상품'으로 변신합니다. 저자가 원고를 쓰면 당신의 원고에 반한 출판사 편집자가 앞장서서 자기네 회사를 설득합니다. 당신의 원고를 초대박 베스트셀러로 만들겠다면서 말이지요. 당신이 출판사를 찾아다니며 읍소해야 할 어렵고 힘든 일을 당신의 원고에 반한 편집자가 기꺼이 앞장서서 해줍니다. 편집자는 나를 대신하여 출판사를 설득하고 나를 대신하여 책을 만들고 나를 대신하여 독자에게 전달합니다. 그리고 이 모든 과정을 최고 전문가를 섭외하여 완성합니다. 상업출판의 장점은 이 모든 과정에서 당신이 돈 한 푼 들이지 않아도 된다는 것입니다. 유능한 편집자에게 들어가야 할 보수도 책을 상품으로 만드는 제작비도 당신의 책을 베스트셀러로 만들려고 홍보하고 광고하고 마케팅하는 비용도 전부 출판사가 냅니다. 이런 출판사 편집자를 만나기 위해 당신은 무슨 일을 해야 할까요?

출판사를 사로잡는 책 쓰기

당신의 첫 독자인 편집자를 매혹하는 원고를 쓰는 일뿐입니다. 단지 원고만 잘, 썼을 뿐인데 나를 가장 비싸게 팔아줄 편집자를 유혹하여 책을 냅니다. 이렇게 쉽고 빠르고 근사한 방법을 두고 자기 돈 들여 애를 쓰고 기를 써서 책을 내는 이들이 부쩍 많아졌습니다. 이런 책일수록 잘 팔리지도 않고 팔리지 않으면 책 낸 줄도 모르고 그러면 돈 들여 책을 낸 목적도 흐지부지되는데 왜 내 돈 한 푼 안 들이고 잘 팔리는 책 쓰기를 외면하는지 잘 모르겠습니다.

캐시콘텐츠를 만들어 블로그에 게시하는 당신이라면 출판사를 찾아다닐 필요도 없습니다. 캐시콘텐츠를 찾는 눈 밝은 편집자에게 곧 발견되어 신데렐라처럼 하루아침에 잘 팔리는 책 저자가 될 테니까 말이지요. 그날부터 당신의 콘텐츠사업은 승승장구할 것입니다!

캐시콘텐츠를 책으로, 출판 공정 이해하기

―

아는 만큼 보이고 보이는 만큼 느끼며 그런 후에는 저절로 잘하게 된다는 말이 있습니다. 블로그에 써 모은 캐시콘텐츠가 어떤 과정을 거쳐 책이 되고 콘텐츠사업 치트키로 작용하는지를 알면 출판 치트키가 금세 당신 손에 들어올 겁니다. 캐시콘텐츠를 출판에 적합한 콘텐츠로 기획하기부터 책 출간까지의 기본 과정을 소개합니다.

아이디어가 책이 되기까지

출판과정1 출간 기획안 쓰기

첫 단계로 출간하려는 책의 아이디어를 만듭니다. 출판사가 사용하는 출간 기획서 양식에 담아 생각을 정리하세요. 머릿속을 오가던 많은 생각이 일목요연하게, 분명하게 정리됩니다. 출간 기획서는 원고를 만드는 데 필요한 밑그림이자 출판사에서 당신의 책을 출간하도록 투자를 이끌어내는 제안서입니다. 책을 잘 만들고 잘 팔아줄 출판사를 설득하는 포인트는 딱 하나, 이 원고를 책으로 내면 잘 팔리겠다는 확신이 들게 하는 것입니다. 출판사의 투자를 받아내려면 다음 질문에 망설임 없이 답할 수 있어야 합니다.

그 책은 어떤 내용인가?

그 책을 누가 사는가?

그 책은 왜 지금 필요한가?

그 책은 왜 내가 써야 하는가?

책 쓰기 전 과정에서 이 단계가 가장 중요하고 또 가장 어렵습니다. 최소한 이 단계만이라도 전문가의 도움을 받는 것이 시간과 에너지를 절약하는 길입니다.

출판과정2 집필, 책 내용 만들기

그동안 블로그에 캐시콘텐츠를 써 모았다면 목차에 맞게 콘텐츠를 선별하여 넣습니다. 빠진 부분이 있다면 새로 콘텐츠를 만들어 추가합니다.

집필 단계는 초고와 원고 만들기로 구분됩니다. 초고는 처음 생성된 원고로 미숙함투성이지만 책의 아이디어를 완성한 첫 번째 버전이라는 점에 큰 가치가 있습니다. 초고를 여러 차례 고쳐쓰기 하여 원고의 완성도를 높입니다.

출판과정3 완전원고 만들기

초고를 여러 차례 고쳐쓰기 하여 완성도를 높입니다. 마지막 단계에서는 완전원고를 만듭니다. 완전원고는 출판에 적합한 요소를 모두 갖춘 것을 말합니다.

출판과정4 출판사에 팔기

원고가 출판사에 팔리면 그다음은 출판사의 시간입니다. 편집, 디자인, 제작, 유통, 마케팅 등 부문별로 숙련된 전문가가 당신의 책을 만들어 팝니다.

출판사에 원고를 보내 출간 여부를 타진하는 일은 책을 여러 권 낸 베테랑에게도 고역입니다. 베테랑 저자는 출간 제의에 거절당하고 회복하는 데도 베테랑입니다. 거절을 개인적으로 받아들이지 않습니다. 거절은 당신이 아니라 원고에 대한 것이며 그 이유가 거절하는 사람에게 있는 경우도 참 많습니다. 짚신처럼 원고도 제짝인 출판사가 반드시 있습니다. 캐시콘텐츠로 만든 원고라면 짝을 찾는데 그리 오래 걸리지 않습니다.

책 쓰기에 엄두가 나지 않는다면 '책선생'을 따라 하자

책 출간을 혼자 시도한다면 〈책선생 따라 하기〉를 해보세요. 〈책선생 따라 하기〉란 이미 출간된 책 가운데 한 권을 골라 '선생님'으로 모시고 따라 하는, 책 한 권을 뚝딱 어렵지 않게 쓰고 출간하는 아주 기특한 프로그램입니다. 책선생으로 고른 샘플 책, 전문 편집자의 손길을 거쳐 완성된 샘플 책의 표지, 서문, 목차를 일일이 베껴 쓰기 합니다. 그런 다음 뼈대만 남기고 내용을 당신의 것으로 갈아 끼웁니다. 이 과정을 거치면 책 아이디어가 더욱 정교해지고 책의 목차까지 빠르게 만들 수 있습니다. 책선생의 아이디어 전개 방식, 콘텐츠 구성, 서술 방식을 흉내 내 내면 원고 만들기가 한결 수월합니다. 〈샘플 책 워크시트〉를 만들어 사용하면 샘플 책 분석하기는 참 쉽습니다. '송숙희의 빵굽는타자기' 카페에서 내려받아 사용해보세요.

나는 책 쓰기 개별 코칭을 할 때 〈책선생 따라 하기〉를 중심으로 프로그램을 진행합니다. 〈책선생 따라 하기〉 중심의 책 쓰기 코칭을 여러 해 해보니 초보 저자가 책을 쓰는 데는 이만한 방법이 없다고 확신합니다.

'책선생' 고르기 기준

'따라 하면 책이 된다'는 이 쉬운 방법에도 아킬레스건이 있습니다. 너무 이상적인 책을 고르면, 독자로서 멋지다 싶었던 책을 선정하면, 책선생에 맞추느라 알지도 못하는 내용, 경험하지도 않은 이야기를 채워 넣는 일이 생깁니다. 가령, 글쓰기를 겁내는 예비 저자가 문장이 언어 예술 경지에 있는 작가의 책을 고르거나, 직장인 5년 차인 예비 작가가 전 세계를 누비며 경제와 비즈니스에 대해 배운 내용이 담긴 책을 고르거나, 평범한 직장인인데 이름만 들어도 아는 유명인의 책을 고르거나, 어떤 가설을 입증하기 위해 30년 동안 추적하여 쓴 책을 그 분야 경험 3년 차 예비 작가가 샘플로 삼는다면 그야말로 뱁새가 황새를 쫓아가는 격입니다. 내가 따라 하기에 너무 벅찬 책을 샘플로 선정하면 이런 게 부족하고 저런 게 모자라네 하며 탄식하다 볼일 다 봅니다. 그러므로 '책선생'을 따라 하는 책 쓰기에서 가장 중요한 것은 '어떤 책을 선생으로 모셔야 하는가?'입니다. 어떤 책을 따라 하느냐가 내 책 쓰기의 승패를 결정합니다.

1. 내가 이야기하려는 내용을 담기 딱 좋겠다 싶은 책
2. 저자 프로필이 나와 비슷하거나 내가 더 낫다 싶은 책
3. 책의 구성이나 내용이 내가 시도하기에 만만해 보이는 책

위의 세 조건에 맞는 딱 한 권의 책을 구한다면 가장 이상적입니다. 만일 조건에 부합하는 책을 고를 수 없다면 근사치에 가까운 책을 고르면 됩니다. 근사치에 가까운 책이라면 꼭 한 권일 필요는 없습니다. 여러 권의 책을 동시에 샘플 책으로 삼고 이 책에서는 아이디어를, 저 책에서는 내용 구성을, 다른 책에서는 글의 형식을 참고하는 식이면 됩니다. 책을 잘 아는 이로부터 '책선생'을 추천 받더라도 책선생을 최종 선정하는 것은 1, 2, 3항목을 점검하여 본인이 해야 합니다. 반드시 '책선생'을 제대로 모시는 일부터 공을 들여야 합니다.

상담, 코칭, 컨설팅… 솔루션 완판의 비결

—

'개통령'으로 불리는 강형욱 님은 영상으로 반려견 훈련 프로그램을 교육합니다. 책을 출간하여 반려견과 함께 사는 일에 대해 조언합니다. 온라인으로 반려견 보살핌에 대한 주제를 다룬 세미나를 팝니다. 고객에게 유용할 것 같은 콘텐츠를 만들어 책과 전자책, 오디오북, 이러닝, 워크숍 같은 방식으로 팝니다. 마치 주방장이 짠 메뉴대로 음식을 만들어 파는 방식과 흡사합니다. 또한 강형욱 님은 개별 레슨, 마스터 플랜 솔루션이라는 이름으로 조언을 개별 판매합니다. 조언 개별 판매, 솔루션 서비스는 고객이 해결하고 싶어 하는 문제에 꼭 맞게 해결책을 제공하는 주문형입니다. 대개는 1대1 또는 1대 다수로 진행합니다.

콘텐츠사업자라면 누구나 강형욱 님처럼 자신의 고유한 해결책을 제품으로 솔루션으로 팔 수 있습니다. 콘텐츠를 미리 기획하거나 완제품 또는 반제품으로 만들어두었다가 팔면 얼마든지 복제가 가능하여 시간과 에너지를 추가로 들이지 않아도 지속적으로 소득이 발생합니다. 이에 비해 고객의 문제에 맞춰 일일이 해결책을 제공하는 것은 일하는 만큼 수익이 발생하지만 복제가 불가능하기 때문에 비싸게 팔 수 있다는 장점이 있습니다. 솔루션 서비스는 개별 맞춤식이라 문제 해결이 빠르고 효과가 좋아 고객을 추천받는데도 1등 공신입니다. 고객의 문제를 해결하는 과정에서 당신의 노하우와 기술을 한껏 발휘하여 성공 사례를 만듭니다. 성공 사례는 캐시콘텐츠로 만들어 블로그에 포스팅하면 보다 많은 사람들의 문제 해결에 기여합니다.

콘텐츠, 맞춤 서비스 조언으로 팔기

책이나 워크북 같은 물성을 지닌 제품이든 디지털 상품이든 모양새를 갖춘 콘텐츠 상품은 가격을 매기고 유통하기 수월합니다. 솔루션 서비스는 주문형 맞춤형이라 어떤 문제를 어디까지 해결하는지 그 범위와 효과에 대한 기준과 원칙을 정해놓지 않아야 오해와 불편을 예방할 수 있습니다. 또한 솔루션을 서비스하는 방식과 절차, 소요 시간, 그에 따른 부대비용의 부담 등 있을 수 있는 모든 경우의 수를 감안하여 사전에 협의하는 것이 좋습니다.

나는 내가 판매하는 솔루션 서비스에 대한 상세 소개 페이지를 만들어 인터넷 카페에 올려둡니다. 소개 페이지는 고객 입장에서 궁금한 것이 없도록 무엇을-왜-언제-어디서-얼마의 가격에-어떻게 진행하는지를 육하원칙으로 정리하여 만듭니다. 여기에 고객이 많이 궁금해 한 것을 따로 문답 페이지로 만들어 포스팅하고 소개 페이지에 링크합니다. 이렇게 하고도 고객이 더 궁금해 하면 이메일이나 소개 페이지 댓글을 통해 이해를 돕습니다. 또한 나는 솔루션 서비스 신청 페이지를 만들어 고객이 작성하게 함으로써 의사소통의 불협화음을 최소화합니다. 신청 페이지는 네이버나 구글에서 제공하는 폼서비스를 활용하면 쉽게 만들어 관리할 수 있습니다.

경험으로 완성하는 솔루션 서비스 비법

요리를 잘하는 사람은 단연코 많은 요리를 먹어본 사람입니다. 솔루션 서비스도 많이 경험한 사람이 잘합니다. 콘텐츠 솔루션으로 서비스하는 일은 콘텐츠사업 초보에게는 대략 난감이겠지만 이러한 애로는 이런 저런 솔루션 서비스를 받아 보는 것으로 해결해야 합니다. 솔루션 서비스를 받아 본 고객 경험이 솔루션 서비스를 잘하게 만듭니다. 콘텐츠사업을 시작하기 전이거나 이제 막 시작한 당신에게는 세부적인 솔루션 서비스 가이드라인을 듣기보다 솔루션 서비스를 직접 경험하는 것이 훨씬 좋습니다. 돈과 시간을 수업료로 들여 솔루션 서비스를 경험하면 과정과 진행 방식을 안팎으로 이해할 수 있습니다. 이후 경험을 복기하여 당신만의 솔루션 서비스를 시도하면 마냥 어렵지만은 않습니다.

나도 연 120만 원이나 되는 세리CEO 회원으로 등록하여 콘텐츠 중심의 커뮤니티 사업을 경험했고 강의를 잘하려고 목소리 트레이닝을 받았습니다. 효과적인 프로그램을 만드는 방법도 배웠고 멋모르고 시작한 블로그를 제대로 운영하고 있는지 피드백 서비스도 받았습니다. 인터넷 강의며 이메일 코칭, 1대1 서비스 등 지금 내가 판매하는 모든 방식으로 콘텐츠를 숱하게 구매하고 서비스를 받아 보았습니다. 고객으로 받은 이런 경험을 토대로 경험한 것을 흉내 내며 솔루션 서비스 경험을 쌓았습니다. 언어치료사 라이오넬 로그가 왕세제의 언어장애를 치료하며 그랬듯, 어느 날부터 나 역시 이렇게 큰소리치기 시작했습니다.

"나는 당신의 문제를 해결할 수 있다. 내가 해결한 다른 모든 사람들처럼!"

이렇게 큰소리칠 수 있으니 솔루션 서비스 방식쯤은 이제 그리 중요하지 않게 되었습니다. 어떻게든 고객의 문제를 해결할 수 있으니까 말이지요. 전부 콘텐츠 소비자로 지불한 수업료 덕분입니다.

TV 틀면 나오는 백종원, 강형욱, 오은영의 성공 비결
—

스마트폰, 워치, 태블릿PC를 파는 애플 전용 매장인 애플스토어에는 판매 직원이 없습니다. '무엇을 도와드릴까요?' 하고 인사하는 지니어스가 있습니다. 지니어스는 고객과 대화하며 그들의 문제를 해결하고 애로 사항을 덜어줍니다. 지니어스는 솔루션을 팝니다. 이 과정에서 고객이 원하면 제품을 팔기도 합니다.

백종원, 강형욱, 오은영…… TV만 틀면 나오는 이 사람들도 '지니어스'입니다. 해결책, 솔루션 박사들입니다. 이 지니어스들은 고객이 문제라고 여기는 특정한 상황에 대한 해법을 척척 내놓습니다. 그것도 아주 구체적으로, 아주 쉽게, 바로바로 해결이 되게끔 합니다. 이들은 뻔한 이야기, 누구든 할 만한 일반론은 입에 올리지 않습니다. 문제 상황은 무엇에 관한 것이며 어떤 방법으로 어떻게 하면 해결되는가를 콕 집어 알려줍니다. 문제를 발생하게 만든 원인에 대해서도 짚어 주고 예방하는 방법까지 알려줍니다. 특정 독자의 특정한 문제를 당신만의 특별한 방법으로 해결해줄 특효 처방, 당신만의 솔루션을 갖는다면 당신도 이들처럼 성공할 수 있습니다. 세상에 다시없을 당신의 킬러콘텐츠, 당신만의 솔루션이 필요한 이유입니다.

콘텐츠사업을 견고하게 이끄는 단 하나의 해결책

자기만의 검증된 솔루션을 가진 사람은 출판사도 호시탐탐 눈독 들입니다. 이런 사람은 자신만의 분야에서 솔루션을 만들어 문제를 해결한 경험을 가진 오리지널 프로페셔널이라 자료를 긁어모아 만든 콘텐츠와는 차원이 다르기 때문입니다. 출판사가 콘텐츠 부문의 진정한 실력자로 인정하는 솔루셔너(solution에 사람을 의미하는 er을 붙여 만든 말)는 문제 해결에 특효 처방뿐 아니라 탄탄한 이론 아래 언제든 동일한 성과를 낳는 레시피를 가졌으며 해당 처방으로 문제를 해결한 사례가 차고 넘쳐 현장 경험이 아니면 얻을 수 없는 수많은 팁으로 충만합니다. 솔루셔너들의 콘텐츠는 책으로 나오는 순간 기다렸다는 듯 독자들 사이로 퍼져나갑니다. 입소문은 바이러스처럼 퍼지고 베스트셀러로 입증된 솔루션은 강연, 강의, 교육과 워크숍, 컨설팅과 코칭 등의 방법으로도 날개 돋친 듯 팔립니다.

당신만의 솔루션은 출판사에 의해 발견되고 책으로 포장되어 팔리면서 당신을 해당 분야 최고 전문가로 인정받게 합니다. 솔루션을 개발하면 블로그에 올리는 캐시콘텐츠도 책도 강의도 코칭도 상담도 컨설팅도 당신만의 비법 솔루션을 풀어내는 행위에 불과합니다.

대학 졸업 직후 미디어 업계에 무게중심을 두고 일하며 내가 얻은 통찰은 신문, 잡지, 방송, 출판, 소셜채널까지 언론은 특정 분야에 대한 비법, 비결, 해법을 가진 사람을 찾아 기사화하는 일을 한다는 것입니다. 그런 해결책을 가졌다면 언론이 앞장서서 홍보 해주니 생돈 들여도 불가능한 탁월한 홍보로 이름값이 저절로 솟구칩니다. 고객의 문제를 뚝딱 해결해주는 당신만의 해결책을 가지고 있다면 당신의 콘텐츠사업도 저절로 굴러갈 것이고 구르면 구를수록 커지는 눈덩이 효과도 얻습니다. 이런 이유에서 나는 책 쓰기 코칭을 할 때 솔루션 개발부터 권합니다. 경험을 지식으로, 지식을 솔루션으로 개발하는 일과 이것을 책으로 담아내는 일은 그냥 책 한 권 쓰기보다 시간과 공이 몇 배는 더 듭니다. 하지만 이렇게 개발된 양질의 콘텐츠는 바로 사업화할 수 있으니 오히려 시간과 노력을 적게 들이는 셈입니다.

TV에 나오지 않아서 그렇지 나도 백종원, 강형욱, 오은영과 같은 지니어스이며 솔루셔너입니다. 나는 한 사람 한 사람의 경험에서 노하우, 기술 같은 지식을 뽑아내 그것으로 콘텐츠사업을 하게 만드는 솔루션을 제공합니다. 이 분야에서 세상에 둘도 없는 금쪽같은 시그니처 솔루션을 가진 덕분에 블로그-책-사업 전개 3B 최단 경로로 나만의 부자 전용차선을 달리고 있습니다.

콘텐츠사업의 화수분, 솔루션 개발 워크숍에 초대합니다

서울 명동에 자리한 그 선술집은 안주가 무려 100가지나 됩니다. 100가지 안주를 팔려면 안주마다 필요한 재료를 갖춰야 하지만 그날그날 팔리지 않은 식재료는 버려야 합니다. 이러니 가게 운영이 효율적이지 않습니다. 결국 빚만 잔뜩 지고 폐업했다 하는군요. 나도 콘텐츠사업 초기에는 내가 팔고 싶은 것, 내가 잘하는 것, 요청이 많은 것, 멋있어 보이는 것까지 전부 프로그램으로 만들어 블로그와 인터넷 카페에 진열했습니다. 각각의 프로그램 개요와 프로그램, 가격을 표시하여 공지 글에 올리면 그만이었으니 여기까지는 어려울 게 없었습니다. (지금도 내 블로그와 인터넷 카페에는 이런 포스트가 많이 남아 있습니다.) 그런데 시간이 흐르면서 보니 프로그램마다 인기가 들쭉날쭉하고 어쩌다 한 번씩 들어오는 요청에는 투입하는 자원 대비 수익이 아주 낮다는 것을 깨달았습니다.

강연만 해도 요청을 받으면 의도를 이해하여 요구받은 기대 효과를 내도록 강연 자료를 만들고 해당 내용을 능수능란하게 전달해야 합니다. 또 현장에서 어떤 질문이 들어와도 척척 답할 수 있는 만족도 높은 강연을 해야 하는데 그러려면 한 번의 강연에 꽤 많은 시간과 에너지를 쏟아야 했습니다. 그나마 요청이 계속되면 모르되 한두 번으로 그치면 애써 만든 강연 자료조차 무용지물이 되는 것을 발견했습니다. 결국 잘 팔리는 콘텐츠 위주로 주력 상품군을 재정비했습니다. 같은 일을 하는 다른 사람들은 하지 못하는, 독점적 경쟁력이 빛나는 프로그램 위주로 팔고 집중했습니다. 해당 내용이 아닌 주제의 강연이나 워크숍 요청이 들어오면 이런저런 이유를 들어 거절했습니다. 그랬더니 콘텐츠의 질이 점점 좋아지고 고객의 반응도 효과도 기대 이상으로 좋아졌습니다. 시간이 지나자 나만의 시그니처 솔루션이 자연스럽게 만들어졌고 지금은 시그니처 솔루션 중심으로만 콘텐츠사업을 합니다.

물론 기업이 요청하는 재직자나 신입 사원 대상의 직무 연수처럼 장기적으로 진행하고 비용도 제대로 받는 프로그램은 시그니처 솔루션이 아니라도 응합니다. 혹은 요청 받은 내용에 시그니처 솔루션을 결합하여 프로그램을 기획한 다음 역제안을 하여 허락을 받기도 합니다. 시그니처 솔루션 프로그램을 반복하여 진행하다 보면 그야말로 날고 기는 수준까지 역량이 향상됩니다. 그러면 어느 순간부터는 일이 아니라 놀이가 됩니다. 시그니처 솔루션은 이런 기적을 행합니다.

시그니처 솔루션 콘텐츠 개발 전략

솔루션이란 특정 문제 해결을 위한 특정한 방법론을 말합니다. 어떤 문제를 해결하기 위해 문제를 명확하게 정의하고 그 문제를 해결하는 방식을 제시하되 그 방식을 가능하게 하는 일련의 규칙과 절차를 모아 놓은 것을 솔루션이라 합니다. 시그니처는 기업이나 개인에게 상징이 될 만한 대표적인 상품, 서비스를 언급할 때 쓰는 말입니다. 시그니처 솔루션이란 고객의 특정 문제를 해결하는 해결책을 담은, C.A.S.H 유전자가 포함된 해결책 콘텐츠를 말합니다.

> 시그니처 솔루션 콘텐츠
> = C.A.S.H 콘텐츠 × 해결책 × 고유성 × 대표성

시그니처 솔루션 만들기는 해당 고객을 특정하고 고객이 해결하고 싶어 하는 문제 상황을 명료하게 정의하는 것으로 시작합니다. 문제 상황을 해결하는데 직결된 프로세스와 도구, 세부적인 방법을 포함합니다. 이러한 내용은 논리성을 갖춰야 고객에게 설득력 있게 어필됩니다.

세상에 둘도 없는 금쪽같은 시그니처 솔루션 만들기

당신이 강연, 강의로 책이나 블로그, 교육으로 컨설팅이나 코칭으로 풀어내는 해결책, 솔루션은 무엇에 대한 것인가요? 그 솔루션은 누구의 문제를 해결하나요? 그렇게 주장하는 근거는 무엇인가요? 그 솔루션은

어떤 원리를 바탕으로 만들었나요? 솔루션의 이름은 무엇입니까? 그 솔루션은 어떤 과정으로 이루어지나요? 이 물음에 즉각 답하기 어렵다면 당신은 아직 솔루션을 갖지 않은 것입니다. 당신의 솔루션을 만드세요. 당신만의 시그니처 솔루션을 만들어 콘텐츠사업을 전개한다면 당신의 분야에서 백종원, 강형욱, 오은영처럼 스타가 될 수 있습니다. 책쓰기 워크숍에서 진행하는 그대로 시그니처 솔루션 개발 레시피를 공개합니다. 솔루션 개발 과정은 7단계로 이루어집니다.

① 1단계 솔루션용 콘텐츠 정하기

3장에서 추출한 당신의 원형콘텐츠를 솔루션으로 개발합니다. 만일 당신이 솔루션으로 개발하고 싶은 콘텐츠가 따로 있다면 그것을 선택하면 됩니다.

② 2단계 샘플 솔루션 따라 하기

공개된 솔루션 서비스 가운데 한 가지를 골라 솔루션 소개글을 따라 써 보며 솔루션 구성 요소를 경험합니다. 솔루션 구성 요소는 대개 이름, 개요, 솔루션이 목표하는 기대 효과, 타깃 고객, 세부적인 진행 순서 등입니다. 다음에는 샘플 솔루션을 따라 쓴 내용에서 뼈대만 남기고 내용을 내 것으로 바꿔봅니다. 미처 준비된 내 것이 없으면 만들어서 채워 넣어야 하는데 이 채워 넣기가 연구 개발 과정이나 다름없습니다. 이 과정에서 미흡하거나 빠졌거나 초점이 맞지 않는 부분까지도 점검하여 수정하고 정리합니다. 이 과정을 거치면 내 솔루션의 전체 윤곽

이 마련됩니다.

③ 3단계 솔루션 개발하기

논리적 요소인 2W1H 중심으로 솔루션을 만듭니다.

Why	솔루션이 필요한 이유나 명분	솔루션이 필요한 이유 소개하기 솔루션이 필요한 명분 강조하기
What	솔루션 내용 소개	솔루션 고객 특정하기 솔루션 고객의 문제 상황 정의하기 솔루션 개요 설명하기 솔루션 근본 소개하기
How	해결책 소개	솔루션 개요 소개하기 솔루션 이름 만들기 솔루션의 구체적인 방법을 레시피로 제공하기 솔루션에 사용된 도구나 프로그램 소개하기
Tip	실제로 문제를 해결한 경험에서 확보한, 문제 해결에 도움이 되는 팁 소개하기	

솔루션 내용 소개 부문의 솔루션 근본 소개하기란 문제 해결을 위해 가동되는 근본 이론을 언급하는 것입니다. 당신이 개발한 독자적인 솔루션이라 해도 이미 널리 통용된 어떤 원리나 개념의 도움을 받아 만들어졌을 것입니다. 그것이 무엇인지를 소개하면 고객의 더 큰 신뢰를 얻을 수 있습니다.

'쓸거리부터 만들어야 글쓰기가 쉽다'고 주장하는 나의 글 잘 쓰기 솔루션은 많은 사람들이 오랫동안 배워온 논리적 사고법을 근간으로 합니다. 이 솔루션을 소개할 때 하버드대학이 150년 동안 학생들에게 가르친 방식이자 세계적인 대학이 하나같이 필수로 가르치는 내용이며 맥킨지 같은 컨설팅 기업이 신입 컨설턴트에게 꼭 가르치는 방법이라고 설명하면 훨씬 더 잘 먹힙니다. 개발 당시 당신이 참고하고 반영한 솔루션의 토대와 배경이 된 원리와 이론을 빠짐없이 소개하세요.

④ 4단계 솔루션 밸류 맵 그리기

솔루션이 팔리려면 고객이 호소하는 문제 증상을 해결할 것이라는 보장이 있어야 합니다. 당신의 해결책은 어떤 문제를 해결하나요? 당신의 솔루션은 어떤 상황을 약속하나요? 이런 내용을 한눈에 보이게 정리해 보세요. 이를 솔루션 밸류 맵이라 합니다. 문제 상황(독자가 해결하고 싶은 문제)을 희망 상황(독자의 문제가 해결된 상황)으로 개선하는데 당신의 솔루션이 특효임을 한눈에 보여주는 이미지입니다.

내 킬러콘텐츠이자 핵심 솔루션『150년 하버드 글쓰기 비법』을 예로 들어 밸류 맵을 작성해봅니다.

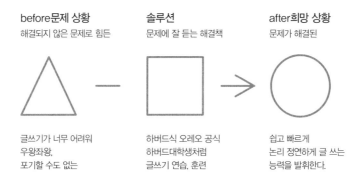

before문제 상황
해결되지 않은 문제로 힘든

글쓰기가 너무 어려워
우왕좌왕.
포기할 수도 없는

솔루션
문제에 잘 듣는 해결책

하버드식 오레오 공식
하버드대학생처럼
글쓰기 연습, 훈련

after희망 상황
문제가 해결된

쉽고 빠르게
논리 정연하게 글 쓰는
능력을 발휘한다.

솔루션 밸류 맵 〈하버드식 글쓰기 수업〉

자, 당신의 솔루션 밸류 맵도 만들어보세요.

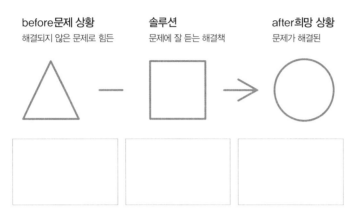

before문제 상황
해결되지 않은 문제로 힘든

솔루션
문제에 잘 듣는 해결책

after희망 상황
문제가 해결된

솔루션 밸류 맵 〈당신의 솔루션 제목〉

솔루션 밸류 맵을 그리는 과정에서 당신의 솔루션이 발휘할 가치를 확인했다면 솔루션 개발은 거의 다 되었습니다. 4단계까지 정리된 솔루션을 레시피로 만듭니다.

⑤ 5단계 솔루션 황금 레시피 만들기

레시피는 당신의 해결책이 적용될, 해당 문제를 가진 고객 누구나에게 적용하여 의도한 성과나 결과를 가져오게 하는 정형화된 매뉴얼입니다. 무엇을 어떻게 하면 문제를 해결하는지 그 방법과 과정을 알려주는 내용입니다. 솔루션을 요리 레시피처럼 단계별로 조목조목 명확하고 구체적으로 설명합니다. 레시피로 정리한 내용은 한꺼번에 또는 여러 차례 나누어 캐시콘텐츠로 만들고 블로그에 공유합니다. 이 레시피는 솔류셔너 당신을 위한 것이자 고객의 것입니다. 비용, 시간과 공간상의 어려움 등을 이유로 당신의 도움을 빌릴 수 없는 고객이 블로그에서 당신의 포스트를 통해 또는 당신이 솔루션을 담아낸 책으로 강연으로 자신의 문제를 해결하고 싶을 때, 고객의 손에 쥐어주는 것이 바로 이 레시피입니다.

레시피를 만들 때 가장 중요한 것은 의도한 그대로 전달되어야 한다는 것입니다. 그래야 원하는 결과를 만들 수 있을 테니 말이지요. 누가 보더라도 알아서 해석하는 일이 없게 만들어야 합니다. 예를 들어 '문장을 짧게 쓴다'라고 알려주면 사람마다 '짧게'를 제각각 해석합니다. '문장은 18자~20자로 짧게 쓴다' 이렇게 '짧게'를 분명하게 규정해야 합니다.

⑥ 6단계 솔루션 임상하기

모든 약은 효험을 입증하고 부작용을 살피기 위해 여러 단계의 임상 과정을 거칩니다. 누군가의 문제를 해결하는 '약'인 당신의 솔루션도 마땅히 임상을 해야 합니다. 레시피까지 완성되었다면 이제 효과성을 검증합니다. 당신의 솔루션이 필요할 예비 고객을 모아 솔루션을 제공합니다. 임상을 통해 솔루션이 의도한대로 특정 문제를 해결하는지를 살피고, 솔루션에 대한 예비 고객의 반응과 고객이 레시피를 쉽게 받아들이는지 여부도 파악하여 솔루션과 레시피를 수정 보완합니다. 솔루션을 캐시콘텐츠로 만들어 블로그에 공유하며 팔로워의 반응도 살핍니다.

고객이 돈을 내고 살 만한, 돈과 시간과 관심을 투자할 만한 솔루션인가를 최종 점검합니다. 솔루션 점검 포인트는 고객의 특정 문제 해결이 가능한가(RELEVENCE), 나만의 고유한 해결책인가(ORIGINALITY), 문제 해결이 보장되는가(IMPACT)로 투자수익률이라는 뜻의 ROI 3가지입니다.

Relevence 고객의 특정 문제 해결이 가능한가?
Originality 나만의 고유한 해결책인가?
Impact 문제 해결이 보장되는가?

시그니처 솔루션, 저절로 잘 팔리는 비법

2장에서 콘텐츠사업은 블로그-책-사업 전개 순으로 진행하면 가장 효율적이라고 설명하며 콘텐츠사업 최단 경로 3B를 소개했습니다. 블로그-책-사업 전개로 콘텐츠사업을 진행하다가 시그니처 솔루션을 개발하면 또 다른 3B 경로에 들어섭니다. 시그니처 솔루션에 관한 내용을 캐시콘텐츠로 만들어 블로그에 공유하고 소통하며 이 내용을 모아 책으로 출판하면 솔루션과 함께 특정 문제에 관한 당신의 문제 해결 능력이 널리 알려집니다.

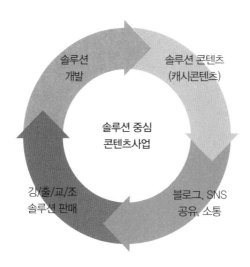

만능 솔루션 하나면 콘텐츠사업 시즌2

블로그에서, 책으로 검증하고 입증된, 보증받고 인증받은 솔루션이라면 기업이든 공공기관이든 개인이든 당신이 해결할 수 있는 문제를 가진 고객이 줄을 서기 마련입니다. 이제 당신의 콘텐츠사업은 솔루션 중심의 시즌2가 열립니다.

세상에서 가장 잘 팔리는 솔루션 비법

이제 솔루션 서비스를 팔아볼까요? 소개 페이지를 만들어 블로그에 올리는 것으로 충분합니다. 소개 페이지는 해당 프로그램을 소개할 뿐만 아니라 프로그램을 사게 만들어야 합니다. 솔루션을 사게 하려면 고객을 특정하고 문제를 제기하여 해결책을 제시한 뒤 이와 같이 바라는 결과를 만들 수 있다는 것을 보여주어야 합니다.

고객 특정+문제 제기+해결책 제시+바라는 결과 = 사게 만드는 메시지

예를 들어 공무원을 대상으로 한 책 쓰기 컨설팅 프로그램을 소개해 보겠습니다.

① 고객 특정

공무원은 정년이 보장된 안정된 직업군이어서 책 쓰기와 같은 자기 계발 프로그램 수요가 다른 직업군에 비해 적은 편입니다. 하지만 30대 공무원으로 고객을 특정하면 책 쓰기의 필요성을 자극할 수 있습니다.

② 문제 제기

요즘에는 공무원 사회에서도 전문성이 요구됩니다. 이런 실정을 감안하여 전문성 없이는 철밥통도 위험하다는 식으로 문제를 제기하고 책 쓰기를 통해 전문성을 입증하여 현직에서는 물론 정년 이후에도 계속 잘나갈 수 있다고 제안합니다.

③ 해결책 제시

'송숙희책쓰기교실'의 책 쓰기 아이디어 개발 과정을 통해 컨설팅을 받으면 잘 팔리는 책을 쓸 수 있다고 해결책을 제시합니다.

④ 바라는 결과

컨설팅을 받으면 책 쓰기에 바로 돌입할 수 있는 아이디어를 갖게 된

다고 말해줍니다. 이 아이디어로 블로그를 만들어 캐시콘텐츠를 생산하면 책 출간용 콘텐츠를 어렵지 않게 마련할 수 있다고 알려줍니다.

솔루션 서비스, 카리스마가 필요하다!

여기 13명의 대학교수가 강의하는 모습을 담은 영상이 있습니다. 소리를 제거하여 강의 내용은 들을 수 없고 강의하는 모습만 볼 수 있습니다. 학생들은 처음 보는 교수의 영상을 10초간 본 후 교수들이 얼마나 잘 가르치는지 또 얼마나 호감이 가는지를 평가했습니다. 연구를 진행한 하버드대학의 날리니앰바디교수는 단지 10초 동안의 영상을 봤을 뿐인데도 이들이 한 평가는 한 학기 동안 실제로 강의를 들었던 학생 수백 명의 평가 결과와 거의 같았다고 알려줍니다. 영상을 2초까지 줄여 평가한 결과도 거의 차이가 없었습니다. 연구진은 긍정적이고 확신에 찬, 활기차고 열정적인 느낌을 주는 제스처가 교수에 대한 호감도와 유능감을 좌우했다고 결론을 내립니다. 호감을 주면서 동시에 유능감을 불러일으키려면 콘텐츠 내용만큼 전달하는 방식도 중요하다고 결론짓습니다.

콘텐츠사업의 발목 잡는 노출 두려움 극복하기
—

"다 좋은데, 나를 드러내는 일은 못하겠어요."

'블로그부터 하세요' 하며 콘텐츠사업을 권하면 의외로 이런 하소연을 많이 듣습니다. 노출에 대한 두려움에 발목이 잡히는 경우지요. 기억을 돌이켜 보면 나 역시 처음에는 나를 드러내는 글쓰기가 쉽지 않았습니다. 이런 하소연에는 콘텐츠사업의 롤 모델, 곤도 마리에의 경험담을 들려줍니다.

곤도 마리에는 '집 안 정리'라는 평범한 일을 콘텐츠로 만들어 팝니다. 『설레지 않으면 버려라』는 책으로, 넷플릭스가 방영한 같은 제목의 리얼리티 프로그램으로 세계콘텐츠대전에서 승리한 콘텐츠사업가입니다. 그녀는 책을 출간하면서 콘텐츠사업을 시작했고 스타가 된 다음에 소셜미디어를 열었습니다. 그런데 뜻밖의 어려움에 봉착합니다.

"내 생각과 생활 방식을 공개적인 매체에 올렸다가 비판을 받거나 혐오의 대상이 되면 어쩌지?"

소셜미디어를 해야 할 필요성과 이러한 두려움 사이에서 한동안 방황하던 그녀는 일본에서 유명한 심리치료사 고코로야 진노스케를 찾아가 상담합니다.

"소셜미디어를 이용해 제 생각을 널리 알리고 싶어요. 그런데 사람들에게 미움 받고 공격받을까봐 무서워 엄두가 나지 않아요."

진노스케는 웃으며 말합니다.

"걱정할 것 없어요, 마리에. 지금도 당신을 싫어하는 사람이 많지 않나요?"

진노스케는 미움 받을까봐 걱정하는 이들에게 늘 이렇게 말한다고 합니다. 곤도 마리에는 그의 말을 듣고 인터넷을 검색해보았는데 과연, 많은 이들이 이미 자신을 싫어하고 있다는 것을 알게 되었다고 합니다. 곤도 마리에는 이미 이렇게 미움 받고 비난받고 있으니 소셜미디어를 전개한다고 하여 새로 미움 받을 일은 없을 것이라는 결론을 내렸습니다. 즉시 인스타그램을 비롯한 여러 소셜미디어 계정을 만들었지요. 이에피소드를 전하며 곤도 마리에는 말합니다.

"세상에는 각기 다른 관점과 가치관을 지닌 사람들이 가득하다. 그런 만큼 모든 이의 사랑과 이해를 얻을 수는 없다. 누군가에게는 비판을 받기 마련이다. 그런데 비판받는 것이 두렵다는 이유로 아무런 울림을 주지 못하는 삶의 방식을 택한다면 얼마나 안타까운 일인가."

곤도 마리에의 사례가 당신의 노출 두려움을 없애고 콘텐츠사업을 결심하는데 도움이 되었기를 바랍니다.

콘텐츠사업, 회사를 만들까? 1인 사업을 할까?

———

일본에서 1인 사업을 하는 이치엔 가쓰히코. 20대 때부터 음식업, IT사업, 제조업, 도·소매업, 시스템 개발업 등 수많은 회사를 창업했습니다. 성공과 실패를 거듭한 끝에 연 매출 1,600억 원, 종업원 300명 규모의 회사로 성장시켰습니다. 하지만, 싹 다 매각하고, 1인 사업의 길을 걷고 있습니다.

"나는 왜 1,600억짜리 회사를 접고 1인 사업을 시작했는가!"

이치엔 가쓰히코 사장은 자문자답합니다.

"1,600억 기업보다 1인 기업의 삶이 더 실속 있고 여유롭다."

그가 1인 사업, 나홀로 사장을 추천하는 이유는 이렇습니다. 이는 내가 1인 콘텐츠사업을 고수하고 추천하는 이유와 똑같습니다.

비용이 거의 들지 않는다

1인 사업은 사무실도 직원도 필요 없습니다. 사무실과 직원이 없으니 들어가는 비용이 없습니다. 일이 잘 되지 않아도 비용을 꼬박꼬박 들여야 하는 속 타는 일이 없습니다.

직원과 갈등이 없다

직원을 채용하는 순간 4대 보험부터 챙겨야 할 게 한두 가지가 아닙니다. 1인 사업은 이런 일에서 자유로우니 사업에만 집중할 수 있습니다.

자유롭다

출퇴근 걱정 없이 시간을 자유롭게 쓸 수 있습니다. 1인 사업을 하면 원하는 시간에 일할 수 있지만 직원이 1명이라도 있으면 이런 자유는 불가능합니다.

나도 회사를 그만두고 나서 줄곧 1인 사업을 했습니다. 콘텐츠를 만드는 일과 그것을 파는 일까지 하는 바람에 일이 많아져 비서를 두려고 몇 번 고려했지만 그럴 때마다 법정스님의 이 말씀을 떠올리며 마음을 접었답니다.

"상좌 하나가 지옥 한 칸이다."

사업 형태가 어떠하든 편하고 자유롭게 일하고 돈 잘 벌면 되는 거 아닌가요? 20년째 혼자 일하는 나는 콘텐츠사업을 준비하며 사무실 열고 직원을 두겠다는 창업가를 만나면 뜯어말립니다. 웬만하면 혼자 일 하시라고 권합니다. 홀로 자유롭게 천천히, 좋아하는 일을 하며 돈을 벌고 여유롭게, 그렇게 살자고 권합니다.

　콘텐츠사업 창업을 준비하느라 귀중한 자원을 낭비하지 마세요. 미리 준비할 거 없습니다. 사무실 없어도 식탁에서, 집 책상에서, 공유오피스에서 그저 시작하면 됩니다. 사업자등록증이 필요해도 하루 만에 가능합니다.

아이에게 경력을 양보한 당신에게 권합니다

하버드대학 출신 워킹맘 이브 로드스키는 아이가 태어날 때마다 여자는 승진이나 명예로운 임무, 월급 인상, 인센티브 기회를 놓치게 되고 그 결과 수익력이 5~10퍼센트씩 감소한다고 안타까워합니다. 그녀는 엄마가 된 후 감소하는 수익력 감소분을 '엄마세'라 부르는데 이것만으로도 엄마가 되는 것의 진정한 비용을 이해할 수 있다고 말합니다. 그런데 엄마로서 겪은 경험을 콘텐츠로 만들면 '엄마세'는 '엄마의 위세'로 바뀝니다.

　혹시 당신도 이미 아이에게 경력을 양보한 '경단녀'인가요? 그렇다면 당신이야말로 콘텐츠사업 적격자입니다. 당장 집 안에서 쓰임이 가장 적은 방 한 칸을 당신의 집무실로 만드세요. 집에 만든 사무실이니 '집' 무실이지요. 남편은 직장으로 아이는 학교로 가고 난 10시부터 집무실로 출근하여 콘텐츠사업자로 변신하세요. 그리고 아이가 돌아오는 시간이면 집무실에서 나와 엄마로 돌아가는 겁니다.

워킹맘이든 전업맘이든 엄마라면 육아는 일생일대의 프로젝트입니다. 시행착오도 허용되지 않으니 중압감도 심합니다. 하은이 엄마도 그런 중압감에 시달리던 엄마 중의 한 사람이었습니다. 귀하게 얻은 딸이었지만 '독박육아'에 삶이 피폐해지자 울화병이 아이에게 옮겨붙었다고 합니다. 불같이 화를 내고 미안해서 눈물 흘리며 사과하는 일이 반복되자 하은이 엄마는 책 속으로 도망갑니다. 책 속에 길이 있다고 생각해 아이에게도 읽어주고 자신도 '닥치는 대로' 책을 읽어 나갑니다. 이런 여정을 블로그에 올리자 공감한 육아맘들이 쇄도했고 '책으로 육아하라'는 메시지를 담아 책 출판도 합니다. 지금 그녀는 '책육아'라는 주제의 콘텐츠사업자로 활약합니다.

'집'무실에서 혼자 자유롭게

흔하디 흔한 경단녀 중 한 사람이었던 사라 태스커도 어느 날, 문득 콘텐츠사업으로 풍성한 인생을 살아가기 시작했습니다. 아이를 돌보기 위해 경력을 포기한 당신도 조금만 노력하면 금방 콘텐츠사업을 할 수 있습니다. 콘텐츠사업을 하면 그동안 보유한 경험, 취미, 특기를 활용할 더 탄탄한 경력을 만들 수 있습니다. 가정도 아이도 관계도 지키면서 경력을 살리고 자아실현하며 경제적 자유까지 누릴 수 있습니다. 아이를 낳아 키우며 결혼 생활을 하는 여자 사람이 겪는 경험은 실로 얼마나 대단한가요? 그 경험을 지식으로 콘텐츠로 만들어 블로그에 올리면 콘텐츠사업의 토대는 마련됩니다. 캐시콘텐츠를 만들어놓으면 아이가 큰 다음, 직장에 매이지 않고 콘텐츠사업가로 본격 시작할 수 있으니 얼마나 든든한가요?

아이가 학교에서 '우리 엄마는 작가'라고 자랑한대요

살림살이 비법을 블로그에 포스팅하고 콘텐츠를 엮어 책으로 출간하여 콘텐츠사업가 대열에 합류한 주부의 자랑입니다. 이 주부는 아이가 초등학교에 입학하면서 퇴사한 이른바 '경단녀'입니다. 아이가 엄지를 치켜올리며 '우리 엄마 작가'라고 말할 때 일과 육아라는 소중한 2가지를 다 지켜낸 뿌듯함에 행복하다고 말합니다. 그녀는 이제 경력이 단단한 여자 사람, '경단녀'입니다.

　20년 전, 매일 블로그에 글을 올리며 콘텐츠사업을 시작할 때 나도 '경단녀'였습니다. 남편이 출근하고 아이가 학교 가면 나는 방 한 칸을 비워 만든 집무실로 출근했다가 아이가 귀가하기 전 퇴근하여 주부로 변신했습니다. 덕분에 지금껏 내 이름으로 내 콘텐츠로 먹고사는 콘텐츠 작가가 되었습니다. 국민연금은 물론 건강보험료까지 내 이름으로 냅니다. 해마다 5월이면 내 이름으로 부과되는 종합소득세를 조금이라도 덜 내려고 세무사와 씨름합니다. 이 책을 읽는 당신이 한참 잘나가는 경력을 육아에 양보하는 문제로 속 끓이는 누군가의 엄마라면 반드시 콘텐츠사업을 하라고 권합니다. 당신의 이름으로 일하고 당신의 이름으로 종합소득세며 국민연금, 건강보험료를 내며 살면 참 좋겠

습니다. 이 책을 읽는 당신이 남자라면 당신의 아내에게도 콘텐츠사업
을 권하면 참 좋겠습니다.

워런 버핏에게 배운
서툰 글쓰기를 돈으로 만드는 기술 7

이제 콘텐츠사업의 핵심인 콘텐츠를 생산하는 기술을 배우고 익힐 단계입니다. 블로그는 콘텐츠사업의 무기고이며 핵심 무기인 텍스트 콘텐츠는 세상에 존재하는 모든 콘텐츠의 원본입니다. 텍스트 콘텐츠 생산수단이자 도구는 글쓰기 기술입니다. 콘텐츠 생산수단으로써 글쓰기에 가장 중요한 것은 잘 읽히고 끝까지 읽혀서 의도한 것을 빠르게 이루어내는 것입니다.

나는 이러한 글쓰기를 '돈이 되는 글쓰기'라 부릅니다. 캐시콘텐츠를 만드는 수단이자 고객의 돈은 물론, 돈이나 다름없는 시간과 관심을 벌어들이기 때문입니다. 고객과 관계를 맺는 가장 손쉬운 도구인 돈이 되는 글쓰기는 콘텐츠사업의 필살기입니다. 나는 '돈이 되는 글쓰기'라는 개념을 세계 최고의 투자회사 버크셔 해서웨이의 워런 버핏에게 배웠습니다.

글쓰기 전문가로서의 워런 버핏

해마다 5월이면 워런 버핏은 주주들에게 편지를 보냅니다. 이 회사의 주주가 아니라도 온 세계의 언론과 그를 좋아하는 사람들은 편지 내용에 신경을 곤두세웁니다. 주주레터에 실린 투자에 관한 통찰이 수많은 기업과 산업 리더, 학자, 비즈니스맨, 공무원, 개인 투자자에 이르기까지 커다란 영향을 미치기 때문입니다.

나는 그들과는 다른 의미에서 워런 버핏의 편지가 공개되기를 기다립니다. 그는 나의 글쓰기 선생님이고 글쓰기를 가르치는 사람으로서 그는 나에게 언제나 아주 큰 영감과 아이디어를 주기 때문입니다. 주식투자라는 전문적인 주제를 다룬 그의 콘텐츠와 글쓰기 능력은 전문적인 콘텐츠를 비전문가인 고객에게 팔아야 하는 콘텐츠사업가가 흉내 내야 할 최고의 샘플입니다.

내가 워런 버핏을 글쓰기 선생님으로 모시는 것은 그가 투자를 잘하려면 글을 잘 써야 한다고 강조하는 한편 실제로 그가 글을 잘 쓰기 때문입니다. 그는 글쓰기로 미국 정부에서 주는 상을 타기도 했습니다.

"버핏은 회사의 연례 보고서를 이해하기 쉬운 문체로 복잡한 아이디어를 단순 명료하게 설명하여 작문 기술 향상에 기여했다."

이것이 버핏이 글쓰기 상을 받은 이유입니다. 그가 쓴 글에서 배우는, 그가 직접 말하는 글쓰기 노하우에서 배우는 글 잘 쓰기 지침은 세상 모든 글쓰기 구루나 책이 알려주는 것이며 내가 글쓰기 수업에서 가르치는 그대로입니다.

1. 그 마음이면 충분하다

"선생님 책을 읽으면 나도 글을 잘 쓰고 싶어져요."

"작가님 글을 읽으면, 하라는 대로 다 하고 싶어요."

"코치님 책을 보면 어느새 구매 버튼을 누르고 있어요."

내 글과 책을 읽은 독자님이 보낸 칭찬입니다. 이 칭찬은 내가 글을 잘 써서가 아님은 잘 알고 있습니다. (글을 잘 쓰려고 무진 애를 씁니다만) 내 글의 어느 부분이, 내 글의 어느 표현이 불쏘시개가 되어 글을 잘 쓰고 싶은 마음에 불을 붙인 걸까요? '간절히 원하면 된다'는 식의 달달한 권유는 하지 않는데 말입니다. 마음먹고 그 이유를 생각해본 적 있습니다. 얼추 생각이 정리되었을 무렵 읽던 책에서 워런 버핏의 한마디를 발견했습니다.

"셰익스피어처럼 글을 못 쓰면 어때요? 좋은 정보를 주고 싶은 마음이면 되지요."

그의 말이 맞습니다. 나야말로 블로그에 포스팅할 때, 책을 쓸 때, 사보 원고를 쓸 때, 코칭 컨설팅 워크숍을 진행할 때, 내 독자에게 도움이 되고 싶다는 마음뿐이거든요. 글쓰기, 책 쓰기, 콘텐츠사업 부문에서 실력이 최고는 아닐지 몰라도 고객에게 도움이 되고 싶어 하는 내 마음만은 세계 최고라 장담합니다. 이런 마음이 독자에게 닿아 독자로 하여금 '잘 쓰고 싶은 마음'이 동하게 한 것 같습니다.

"어떻게 하면 내 고객의 문제를 뚝딱 해결해드릴까?"

"내 고객이 도움 받으려면 어떻게 글을 써야 할까?"

"어떻게 하면 글을 쉽게 잘 쓰게 도울 수 있을까?"

내 머릿속에는 온통 이런 생각뿐입니다. 당신도 바로 이런 마음을 가져보세요. 그러면 글쓰기 실력이 좀 부족하더라도 당신의 콘텐츠가 독자의 마음을 사로잡는 데 부족함이 없을 거라 확신합니다. 당신은 이미 누군가가 잘되었으면 하는 마음에 잔소리를 자주 할지도 모릅니다. 그 마음이면 됩니다. 그 마음을 약간의 글쓰기 기술에 담으면 조언이 되고 돈을 내고 사는 콘텐츠가 됩니다.

2. 경제적으로 써라

워런 버핏은 투자가답게 경제적으로 쓰라고 조언합니다. 독자는 늘 많이 바쁘고, 한 편의 글에 그다지 많은 시간을 들이지 않으므로 빠르게 잘 통하는 글을 써야 한다는 것입니다. 이를 위해 단어 하나라도 경제적으로 사용해야 한다고 워런 버핏은 당부합니다. 여기서 '경제적'이란 꼭 필요한 만큼만 단어를 사용하라는 뜻으로 가능한 적게 말하고 제대로 전달하라는 것입니다.

경제적으로 쓰려면 강한 느낌을 주는 술어를 사용합니다. 술어가 강력하면 형용사나 부사를 사용하지 않고도 의미가 빠르게 전달됩니다.

그는 프로가 글을 쓰듯이 썼다.

→ 그는 프로처럼 글을 썼다.

그는 콘텐츠사업 투자자이다.

→ 그는 콘텐츠사업에 투자한다.

경제적으로 쓰려면 능동적으로 표현합니다. 수동적 표현은 여러 말 여러 단어를 쓰게 하는 악당입니다.

시간과 관심이 글쓰기에 투자 되면 콘텐츠사업에 성공할 수 있다.
→ 콘텐츠사업에 성공하려면 시간과 관심을 글쓰기에 투자하라.

전문적인 용어, 허세 넘치는 단어를 동원한 글을 쓰면 메시지가 모호하여 빠르게 읽기를 방해합니다. 일상적인 단어를 사용하되 가급적 적게 쓰고도 빨리, 제대로 전달하는 것이 경제적인 글쓰기, 돈이 되는 글쓰기입니다.

3. 딱 그 사람 입장에서 써라

워런 버핏이 일간신문 〈워싱턴포스트〉의 사주인 캐서린 그레이엄에게 경영을 가르칠 때 이런 말을 합니다.

"당신이 무릎을 떠는 사람이라면 '이야기할 때 무릎을 떨지 않는 법'을 가르치는 것이 아니라 '떨면서도 이야기할 수 있도록 해주는 것'이 내 역할입니다."

도움을 줄 때는 남들 다 말하는 '정답'이 아니라 지금 그 사람이 처한 환경에서 가장 필요한 도움을 가장 유용한 방식으로 주어야 합니다. 가령 워런 버핏이 90대 할머니에게 '7퍼센트 수익률'을 설명해야 한다면, 할머니가 바로 이해할 수 있게 다음과 같이 표현합니다.

"100달러를 주시면 1년 후에 107달러를 돌려 드릴게요."

투자에 관심 있는 사람이라면 '수익'이라는 말이 예사로 들리겠지만 '내 돈을 얼마나 불려줄까' 정도의 관심뿐인 보통의 할머니들 입장에서는 이렇게 표현해도 충분합니다.

누구나 자기 자신이 제일 중요합니다. 독자도 그렇습니다. 나와 관련 없는 글에는 관심도 흥미도 갖지 않습니다. 아무나 들으라고 외치는 말은 누구도 듣지 않습니다. 콕 집어 그 사람에게 이야기하세요. 그러면 독자는 '내 얘기네?' 하며 귀 기울여 듣습니다.

"여당은 65세까지 정년을 연장하는 법안을 마련한다. 법이 통과되면 많은 직장인들이 5년 더 일하며 돈을 벌 수 있다."

이런 식으로라면 아무리 고래고래 소리를 질러도 듣는 이가 없습니다.

"직장인 57세 김모 씨는 요즘 부쩍 인터넷 뉴스를 살핀다. 여당이 65세까지 정년을 연장하는 법안을 준비 중이기 때문이다. 정년이 연장되면 그사이에 막내아들 대학을 졸업시켜 자식 뒷바라지에서 놓여날 수 있기 때문이다."

정보와 관련된 누군가의 상황에 맞춰 콕 집어 이야기하면 '내 얘기구나' 하는 사람이 많을 게 분명합니다.

4. 고객에게 맞춰 써라

워런 버핏이 주주들에게 편지를 쓰며 투자에 관한 전문용어를 동원하더라도 누구도 불만을 갖지 않을 것입니다. 그런데도 그는 버크셔 해서웨이의 연례 보고서를 쓸 때면 쉽게 쓰려고 공을 들입니다. 나름 똑똑한 여동생들이 자신이 쓴 편지 내용을 이해하지 못해 스스로를 멍청하게 여길까 걱정하기 때문이라 합니다.

"내 여동생들은 현명하고 지적이지만 회계나 재무 분야의 전문가는 아니다. 업계에서 사용하는 전문용어는 알아들을 수가 없다. 나와 여동생들의 위치가 바뀌었을 경우, 내가 정보를 전해 듣고 싶어 하는 방식으로 글을 쓰는 것이 나의 목표다."

이런 목표를 위해 워런 버핏은 글머리에 두 여동생의 이름 '도리스와 버티에게'라고 시작합니다. 이렇게 시작하면 두 여동생이 이해하기 쉬운 가장 쉬우면서도 적절한 단어를 찾게 된다고 합니다.

글은 읽히기 위해 씁니다. 이렇게 쓰면 독자가 빨리 이해할까? 하는 식으로 쓰는 내내 독자와 함께 해야 잘 읽히는 글이 나옵니다. 모니터에 코를 박고 쓰다 보면 독자의 존재를 잊어버리기 십상입니다. 당장 써먹을 수 있는 간단한 비법을 하나 알려드릴까요? 이메일 창을 여세요. 제목란에 '○○에게'라고 쓰세요. 그런 다음 본문을 쓰면 바로 그 사람에게 이메일 쓰듯이 쉽고 편한 글이 나옵니다.

5. 고객에게 개인적으로 다가가라

워런 버핏은 나, 너, 우리 같은, 사람을 지칭하는 단어를 자주 씁니다. 워런 버핏의 글쓰기를 연구하는 전문가들은 어느 해인가의 주주레터에 '당신, 우리'라는 표현을 100번이나 사용했다고 알려줍니다. 이렇게 하면 투자자인 독자들이 자신의 돈을 관리하는 회사의 최고 리더인 워런 버핏과 '한편'으로 묶였다는 유대감을 높이는 효과가 있습니다.

"워런 버핏처럼 글쓰기, 한 번 따라해 보세요."

이 문장에 '당신', '여러분'을 넣어 고치면 독자인 나를 콕 집어 이야기하는 것처럼 들립니다.

"워런 버핏처럼 글쓰기, 당신도 한 번 따라해 보세요."

"워런 버핏처럼 글쓰기, 여러분도 한 번 따라해 보세요."

대화하기 싫은 사람들은 자기 얘기만 한다는 공통점이 있습니다.

"콘텐츠사업에 필요한 정보를 드립니다."

대화하기 좋은 사람은 듣는 사람을 더 많이 언급한다는 공통점이 있습니다.

"콘텐츠사업을 준비하는 예비 창업자님, 여기 정보를 챙겨 가세요."

콘텐츠를 만들 때는 고객을 부르고 지칭하는 '고객님', '여러분', '당신' 같은 단어를 자주 사용하세요. 이런 단어는 고객을 대화의 중심에 두는 역할을 하여 고객이 자신을 위해 글을 쓰고 있다는 느낌을 받아 대화에 집중합니다.

6. 감정을 담아 콕!

투자회사라면 고객이 안심하고 돈을 맡기게 하는 일이 큰 과제입니다. 대개는 믿고 맡겨 달라, 최선을 다해 당신의 돈을 안전하게 불려주겠다 하며 읍소합니다. 하지만 이렇게 말하는 사람도 있습니다.

"제 순자산의 99퍼센트 이상은 버크셔 주식입니다. 저나 제 아내는 버크셔 주식을 단 한 주도 팔지 않았습니다. 그리고 수표가 부도나지 않는 한 앞으로도 주식을 팔 생각은 없습니다."

이 사람이 가진 순자산의 거의 전부가 투자회사 버크셔 해서웨이의 주식이라면 또 그가 이 회사의 회장이라면 주가가 떨어졌을 때 가장 손해 보는 사람일 것입니다. 그러니 손해 볼 일을 하지 않을 거란 믿음이 저절로 듭니다. 워런 버핏처럼 당신도 뻔한 표현은 피하세요. 사람이 사람에게 하는 이야기답게 감정을 담아 표현하세요. 그러면 틀림없이 잘 읽힙니다.

"테스코는 고객 서비스에 최선을 다합니다."

이 문장은 '사실'을 다룹니다. 이 '사실'은 영국의 대형마트인 테스코 홈페이지에서 이렇게 바뀝니다.

"테스코 판매원은 좀 더 부지런합니다."

판매원이 고객 서비스에 최선을 다하는 모습, 쇼핑하며 겪는 고객의 불편과 불만을 해결하러 뛰어다니는 모습이 눈에 선합니다.

"청소·세탁·돌봄도 '노동', 가사 노동자도 노동권을 보장받는다."

이 문장은 사실 정보를 전달합니다.

"10년 차 가사 도우미 A님은 이제 한시름 놓았습니다. 법이 바뀌어 퇴직금을 받을 수 있게 되었으니까요."

이렇게 바꿔 쓰면 정보에 감정이 실려 마음까지 쑥 들어옵니다. 이렇게 사실이나 정보에 감정을 실으면 의도한 반응을 끌어내기가 수월합니다. 한 자선단체에서 아프리카 어린이 돕기 모금을 호소하는 전단지를 만들기로 합니다. 전단지를 2가지로 만들어 모금 실험을 했습니다.

전단지1)

말라위에서는 300만 명의 어린이가 굶주림으로 고통받고 있습니다.

앙골라에서는 국민의 3분의 2에 해당하는 400만 명이 집을 잃고 떠돌이 생활을 하고 있습니다.

전단지2)

로키아는 집이 가난해서 밥을 굶기 일쑤입니다. 당신의 작은 관심이 로키아의 생활을 개선해줄 수 있습니다. 로키아가 깨끗한 환경에서 공부할 수 있도록 도와주세요.*

전단지1은 숫자를 그대로 전하지만 전단지2는 구체적인 사례를 말함으로써 독자의 감정선을 건드립니다. 결국 전단지1은 평균 1.14달러를, 전단지2는 2배나 되는 평균 2.38달러를 모금했습니다. 감정에 자극을 받으면 시키지 않아도 하는 게 사람이기 때문입니다.

7. 쉽게, 제발 쉽게 써라

워런 버핏 글쓰기를 연구하는 한 전문가는 2016년 워런 버핏이 쓴 주주레터가 얼마나 쉽게 쓰였나 알아보았습니다. 마이크로 워드의 문서 가독성 평가 기능을 동원했더니 그의 글은 9학년에서 10학년 수준이었다고 합니다. 우리나라로 치면 고1 학생이 워런 버핏의 편지를 읽고 어떤 단락이라도 한 번 만에 그 의미를 이해할 수 있다는 뜻입니다. 워런 버핏은 어려운 글쓰기를 자초하는 특수 용어나 복잡한 문장을 글쓰기 악당이라 몰아세웁니다.

---

* 『이공계의 뇌로 산다』(완웨이강 저/강은혜 역/더숲 간)에 소개된 사례

"나는 40년 이상 기업 보고서와 사업계획서를 봐왔다. 그런데 아무런 알맹이도 없다고 결론내리는 경우가 많았다. 이유는 자신이 의도한 메시지를 제대로 전달하지 못했기 때문이다."

문장이 복잡하다는 것은 전달하려는 생각이 정리되지 않았기 때문입니다. 할 말이 분명하지 않은 상태에서 글을 쓰면 문장이 길어지고 꼬일 수밖에 없습니다. 여기에 전문용어까지 곁들이면 독자는 글쓰기 악당에 포위되고 의도한 메시지는 불발되고 맙니다.

글은 언제든 독자들이 읽고 싶도록, 읽기 쉽게 써야 합니다. 읽기 쉽다, 어렵다의 기준은 당신이 아니라 당신의 고객이 정합니다. 그러므로 콘텐츠를 만들면 타깃 고객에게 모니터링을 받아 난이도를 조절해야 합니다. 블로그에 글을 쓸 때는 생활 언어를 사용하세요. 그러면 상대가 누구든, 쉽고 빠르고 편하게 전달됩니다. 예를 들어 '연비가 높다'는 표현을 '기름값이 많이 든다'로 바꾸는 겁니다. 당신도 독자도 항상 입에 올리는 단어로 글을 쓰면 핵심을 빠르게 전달하여 원하는 것을 빠르게 얻는 경제적 글쓰기가 가능합니다.

한 번에 하나씩만

글쓰기가 힘든 것은 독자에게 의도한 반응을 끌어내야 하기 때문입니다. 독자의 반응을 빠르게 얻어내려면 핵심을 빠르게 전해야 하고 한 번에 하나씩 메시지를 전달해야 합니다. 워런 버핏도 한 번에 하나씩 이야기하라고 충고합니다.

"나는 한 챕터에 딱 하나의 주제만 이야기한다. 때문에 반드시 알려야 하는 핵심 하나만 이야기할 수 있다."

핵심을 한 번에 하나씩 전하는 글은 문장이 화려하지 않아도 저절로 힘이 생긴다는 것이 워런 버핏의 지론입니다.

글 잘 쓰는 사람들은 문장 하나에 하나의 의미만 담고 단락 하나에 하나의 주제를 담으며, 한 편의 글에는 하나의 메시지만 전합니다. 책을 잘 쓰는 사람도 한 권의 책에는 딱 하나의 메시지만 담습니다. 한 번에 하나씩 메시지를 전하는 기술을 습득하려면 누구나 인정하는 잘 쓴 글을 많이 읽어 보세요. 특히 그런 글을 일일이 옮겨 쓰는, 베껴 쓰기가 유용합니다.

부자 전용차선, 지금 바로 갈아타라

자신이 변화를 일으키기에 너무 작은 존재라고 생각하는 사람은
모기 한 마리가 윙윙거리는 방에서 잠을 자 본 적이 없는 사람이다.
크리스틴 토드 휘트먼 전 미국 뉴저지주 주지사

부자이거나 부자처럼 살거나

2004년 가을, 나는 서울에서 가장 먼 곳으로 이사했습니다. 무려 땅끝
으로, 그래야 일을 하지 못할 테니 그랬습니다. 잘나가던 회사를 '때려
치우고' 무모하게 독립을 꾀한 죄, 그러고도 2년의 시간을 허송한 죄,
이 죄를 물어 그러한 벌을 주었습니다. 일을 놓고 살 수 없다는 것을 알
아차리는 데 두 달이 채 걸리지 않았습니다. 일을 재개하려니 땅끝에서
서울까지 매번 왕복 800킬로미터를 오가야 했습니다. 다시 이사를 할

수도 없는 형편. 그때 내가 한 선택은 블로그 창을 연 것입니다. 많이도 아니고 그저 매일 1편씩 쓰기로 했습니다. 그리고 랜선으로 일을 했습니다. 일주일에 1~2일 서울에서 외근하며 강연과 강의, 워크숍, 코칭, 컨설팅 프로그램을 진행했습니다.

2021년 가을, 나는 콘텐츠사업자로 일합니다. 경험에서 지식을 추출하고 그것을 콘텐츠로 만들어 팝니다. 덕분에 후배들마저 퇴직으로 잠적하기 일쑤인 나이에도 창창한 현역입니다. 매일 1편씩 블로그에 글을 쓴 그 시간이 만들어준 성과입니다. 지금 나는 서울도 땅끝도 아닌, 나만의 전용차선을 달립니다. 랜선으로 닦은 플랫폼 블로그에 하루 1편씩 캐시콘텐츠를 만들어 올립니다. '매일 1편씩 캐시콘텐츠를 게시하는 것만으로도 평생 현역으로 평생 소득을 창출할 수 있다'고 선동하며 살아갑니다.

나는 4시간만 일을 합니다

콘텐츠사업으로 부의 추월차선을 달려 나만의 전용차선을 마련한 나는 벼락부자입니다. 어느 순간, 부자라 선언하고 부자처럼 살면 벼락부자 아닌가요? 하루 4시간만 일하고 100만 달러 부자처럼 살 수 있다고 꾀는 작가 팀 페리스의 말처럼 말이지요.

"은행 계좌에 100만 달러를 갖게 되는 것, 이런 걸 꿈이라고 할 수 있을까? 꿈이란 100만 달러가 있으면 가능한 더할 나위 없이 자유로운 라이프스타일을 말한다. 그렇다면 질문을 이렇게 바꿔 보자. 처음부터 100만 달러를 가지지 않고도 어떻게 하면 완전히 자유로운 백만장자의 라이프스타일을 누릴 수 있을까?"

내 은행 계좌에는 100만 달러가 없습니다. 그런데 나의 라이프스타일은 1천 만 달러 부자입니다. 하고 싶은 일을 하면서 더할 나위 없이 자유롭게 살기 때문이지요. 1천 만 달러짜리 라이프스타일을 사는 나의 비결은 엠제이 드마코에게 배운 부자로 사는 공식을 실천해서입니다.

부＝자유＋가족＋건강

엠제이 드마코는 이 3가지 중에서 자유가 핵심이라고 강조합니다. 자유가 있어야 가족과 행복한 시간을 보낼 수 있고 건강도 챙길 수 있기 때문이라고 설명합니다. 스스로에게 최적화된 삶을 영위할 수 있는 것, 화요일 오후에도 불행하지 않을 것, 가족들과 행복한 시간을 원할 때 보낼 수 있는 것, 꾸준히 운동하고 건강한 삶을 영위할 수 있는 것, 이 것 모두 부가 가져다주는 축복이라고 말합니다.

나야말로 엠제이 드마코가 강조한 자유를 기반으로 건강히 가족과 함께 하는 부자의 삶을 삽니다. 콘텐츠 작가로 살며 무엇보다 내가 자부심을 가지는 것은 나와 내 가족의 중요한 이벤트에 한 번도 빠진 적이 없다는 것입니다. 아이가 수능시험 볼 때, 아이가 입대할 때, 아이가 휴가 나와 귀대할 때, 아이가 오픽 시험 결과를 확인할 때, 아이의 첫 출근 차림을 챙겨줄 때, 남편이 당직 근무를 하고 24시간 만에 퇴근할 때, 남편이 사업을 접던 날, 아버지 기일에, 엄마의 병 수발로 엄마의 요양보호사를 처음 만날 때, 동생1호가 회사에서 좌천당해 열 받았을 때,

동생2호가 식당을 개업할 때 등 내가 있어야 할 그 순간, 내가 있고 싶었던 그곳에 나는 누구의 눈치도 보지 않고 시간을 냈고 함께했습니다.

이런 시간을 파우다비 박사 식으로 계산하면 그동안 나는 얼마나 많은 돈을 번 것일까요? 친구나 가족을 매일 만날 때 얻는 행복은 1년에 8만 5천 파운드(약 1억 원)의 수입이 늘 때 맛보는 행복과 같다고 합니다. 런던대학교 교육 연구소의 나타부드 파우다비 박사가 수행한 연구 결과입니다. 파우다비 박사가 논문에서 강조한 것은 수입 증대보다는 좋은 인간관계의 행복 효과가 더욱 중요하다는 것입니다. 수입이 늘 때 동반되는 행복감은 오래 지속되지 않지만 친구나 가족과 만족스럽게 지낼 때 얻는 행복감은 더 깊고 지속적인 영향을 끼친다고 강조합니다.

"인생에서 내가 있어야 할 상황에 항상 있어 왔다고 생각한다. 내가 사랑하는 일을 하고 있다. 이 나이에 아직도 세상에 보여줄 수 있을 만하다고 느껴지는 것을 선택할 수 있는 능력을 갖고 있다. 그러니 난 아주 운이 좋은 사람이다."

배우 메릴 스트립이 한 말입니다. 나야말로 내가 있어야 할 상황에 항상 있었고 사랑하는 일을 하고 있으며 앞으로도 보여줄 콘텐츠가 많습니다. 콘텐츠사업자로 일하며 살았기에 가능한 일입니다. 이래도 내가 부자가 아닌가요?

"워라밸, 수동적 소득, 조기 은퇴"

당신도 이런 말에 솔깃한가요? 일과 생활은 균형이 맞아야 하고, 수익시스템을 자동화하여 일하지 않아도 꼬박꼬박 돈이 들어와야 하고, 정년까지 갈 것 없이 일찌감치 회사 그만두고 좋아하는 일 하며 유유자

적하게 살고 싶은가요? 나의 3가지는 좀 다릅니다.

"워라인, 평생 소득, 평생 현역"

내가 목표하는 것은 일과 삶이 자연스럽게 융화되어 시너지가 나는 '워라인Work-Life Integration', 일 안 해도 돈이 들어오는 수동적 소득은 물론 그때그때 다른 사람의 문제를 해결해주면서 돈도 버는 적극 소득도 병행하고, 원하는 한 현역으로 일하면서 경제적 자유와 자아실현까지 이룹니다. 길어진 인생, 이렇게 살 수 있는 축복은 돈 들이지 않고 돈을 버는 콘텐츠사업을 하기 때문에 가능한 일입니다. 이 3가지 목표야 말로 당신에게 콘텐츠사업을 권하는 이유이기도 합니다.

콘텐츠사업은 내가 사랑하는 일을 콘텐츠로 만들어 돈을 벌면서 내가 의도하는 대로 세상에 마법을 부리며 사는 일입니다. 당신도 콘텐츠사업을 하면서 콘텐츠 작가로 살면 좋겠습니다.

최종 단계100세까지 평생 현역, 평생 소득으로
부자 전용차선 달리기

3단계 책 출간하여
콘텐츠사업
도약하기

2단계 블로그, 유튜브 등
소셜채널 공유하기

1단계 잘하는 일, 좋아하는 일로
캐시콘텐츠 만들기

콘텐츠사업 도미노 효과

네이버에서 '돈이 되는 글쓰기 이벤트'를 열었습니다. 블로그에 한 줄이라도 일기를 매일 쓰면 14일 만에 16,000원의 상금을 준다고 했지요. 네이버도 작심삼일! 신청이 쇄도하여 감당하기 어렵다며 3일 만에 이벤트를 끝냈습니다. 3일 동안 일기를 쓴 이들에게 1천 원을 주는 것으로 이벤트를 끝냈습니다. 당연히 이벤트에 참여한 많은 사람들이 화를 냅니다. 네이버 같은 거대한 기업이 단 사흘 만에 말을 바꾸다니 어떻게 그럴 수 있냐고 항의가 심했습니다. '네이버 같은 일류 기업도 능력이 안 되면 하다 마는구나, 우리도 대충 살자'라는 조롱도 쏟아졌지요.

그런데 IT기술 기업은 원래 다 이렇지 않나요? 버그투성이 기술이나 기계를 일단 팔아먹고 두고두고 버그를 잡았다며 생색냅니다. 업그레이드라는 미명으로 말이지요. 스마트폰만 해도 100만 원이 훌쩍 넘는 기계인데 초기 버전은 별의별 버그가 다 많잖아요. 버그 잡으려고 업데이트 몇 번 하다보면 어느새 새로운 기종이 나오고요. 네이버도 구글도 애플도 MS도 페이스북도 아무튼, 우리 돈을 족족 벌어가는 IT기술 기업은 다 이렇게 뻔뻔하게 돈을 법니다.

콘텐츠사업을 해볼까? 하는 당신도 우선 좀 더 뻔뻔해질 필요가 있습니다. 겁먹지 마세요. 시작하는 데, 준비하는 데 에너지 다 쓰지 말고 시작한 다음 채워가며 고쳐가며 배워가며 그렇게 합시다. 콘텐츠사업도 그렇게 하면 됩니다.

나요? 독립할 당시 파워포인트도 만들 줄 몰랐습니다. 컴퓨터라고는 워드프로세스만 겨우 다루었고 인터넷도 이메일만 겨우 사용했습니다.

강연도 강의도 해본 적 없었으며 코칭이란 말도 몰랐고 컨설팅 기법도 배운 적 없습니다. 독립할 당시 내가 할 줄 아는 것이라고는 블로그에 콘텐츠를 올리는 것뿐이었지요. 그것도 처음에는 얼마나 어려웠는지 모릅니다. 기계치, 디지털치였으니까 말이지요. 그렇게 시작하고 20년이 지났지만 IT기술에는 여전히 젬병이고 여전히 '컴맹'입니다. 책 쓰기는 쉬웠냐고요? 출판사 편집자에게 책 쓰라, 얘기 듣고 처음 한 말이 "내가 무슨 책을 써요!"였습니다.

책을 마치며 마지막으로 하고 싶은 말은 이것입니다. 세계적인 기업도 일개 개인도 하다 보니 되더라는 것, 그러니 당신도 일단 시작하고 보자는 것입니다. 어서 당신의 전용차선으로 갈아타세요. 도움이 필요하면 무엇이든 물어보세요. 돈이 되는 콘텐츠 아지트에서 기다리겠습니다.

추신; 당신의 자녀가 사회 초년생이라면

이 책을 쓰는 지금, 나의 아들은 사회생활 2년 차 루키입니다. 생애 첫 명함을 가져온 아들에게 건넨 첫마디가 기억납니다.

"앞으로 네 명함은 네가 만들어 가져야 해"라고 조언했습니다. 너만의 콘텐츠와 브랜드를 가져야 한다고 보탰습니다. 아들은 그 말뜻을 모르겠지만 기억 언저리에 이 말이 남아 저도 모르게 그 방향으로 향할 것이라 믿습니다.

당신이 사회 초년생이라면 이 책을 참 잘 만났습니다. 코로나19 팬데믹으로 지구인의 삶이 순식간에 바뀐 것을 목격한 지금, 앞으로도 얼마나 빠르게 다른 환경이 만들어질지 아무도 모릅니다. 그러니 취업을 하든 아니든 평생의 업을 찾아야 하고 그러려면 콘텐츠와 브랜드가 필수입니다. 이 책을 읽고 사회생활에 임한다면 부모님보다 빨리 콘텐츠 사업자가 될 수 있습니다. 직장 초년생 자녀를 두었다면 이 책을 당신이 먼저 읽고 꼭 권해주세요!

원하는 삶을 제대로 살기 위해서는

명료하게 글을 잘 써야 한다.

명료하게 글을 쓴다는 것은

삶에서 반드시 거쳐야 할 전투에서 이기게 하는

칼이나 M16 같은 총, 방탄조끼

사용하는 법을 배우는 것과 같다.

누군가에게 할 수 있는 가장 좋은 일은

그에게 글 쓰는 법을 가르치는 일이다.

조던 피터슨

무자본으로
부의 추월차선
콘텐츠 만들기

초판 1쇄 발행 2021년 9월 9일
초판 2쇄 발행 2021년 10월 19일

지은이 송숙희
펴낸이 김영범

펴낸곳 ㈜북새통·토트출판사
주 소 03938 서울시 마포구 월드컵로36길 18 삼라마이다스 902호
대표전화 02 – 338 – 0117
팩 스 02 – 338 – 7160
출판등록 2009년 3월 19일 제 315 – 2009 – 000018호
이메일 thothbook@naver.com